신경언어학과 영어교육

신경언어학과 영어교육

이갑희 지음

한국문화사

신경언어학과 영어교육

초판인쇄 2011년 3월 2일
초판발행 2011년 3월 5일

지은이 이갑희
꾸민이 이지은
펴낸이 김진수
펴낸곳 **한국문화사**
등 록 1991년 11월 9일 제2-1276호
주 소 서울특별시 성동구 성수1가 2동 656-1683 두앤캔B/D 502호
전 화 (02)464-7708 / 3409-4488
전 송 (02)499-0846
이메일 hkm7708@hanmail.net
홈페이지 www.hankookmunhwasa.co.kr

책값은 뒤표지에 있습니다.

잘못된 책은 바꾸어 드립니다.
이 책의 내용은 저작권법에 따라 보호받고 있습니다.

ISBN 978-89-5726-860-5 93700

■ 들어가는 말

　우리 인간의 뇌는 제각기 다르다고 한다. 마치 우리 얼굴이 다른 것처럼 말이다. 아인슈타인(Albert Einstein, 1879~1955) 박사가 살아 있었을 때 많은 사람은 그의 뇌에는 특별한 무엇이 있으리라고 기대하였다. 1955년 그가 세상을 떠났을 때 그들은 과연 그의 뇌가 우리와 다른지, 다르다면 얼마나 다른지에 대한 궁금증을 떨쳐버릴 수 없었다. 의사인 하비(Thomas Harvey) 박사는 세상의 패러다임을 바꾼 그 과학자의 뇌를 재빨리 보존처리하고 부분별로 표본을 만들어 조사하였다. 결과는 아인슈타인의 뇌에 특별한 점이 없었다는 것이다. 약간의 차이점은 평범한 사람들도 가진 차이일 뿐이었고 오히려 뇌의 전체 크기는 평균보다 약간 작은 편이었다.

　그로부터 40여 년이 흐른 후 일군의 과학자들이 하비박사가 보존해 놓은 표본들을 다시 자세히 조사하였다. 그 결과 아인슈타인의 뇌는 두정덮개(parietal operculum) 부분에 보통사람들보다 주름이 적은 대신에, 양쪽 뇌의 다른 부분이 조금씩 커져 있음을 발견하였다. 커져 있는 곳은 하두정엽(inferior parietal lobe, 정수리 내부 양쪽 귀의 바로 윗부분)으로서 시각적 공간 이미지나 수학적 사고와 관계되어 있다고 알려진 곳이다. 이 부분이 발달했던 관계로 그의 뇌는 비교 대상자였던 91명의 보통사람의 뇌에 비해 15% 정도 넓었다고 한다. 또한 그 부분에 신경세포를 연결하고 지지하는 아교세포(glial cells)가 유난히 많았다. 그렇다면 아인슈타인의 뇌가 특정한 사고력과 관계된 부분이 발달해 있었다는 것은 확실하다. 그러나 그가 비슷한 시기에 같은 분야를 연구한 다른 과학자들을 능가할 수 있었던 이유는 오히려 후천적 환경에 있다고 결론지었다. 즉 어머니를 비롯한 가족들의 양육, 친구들의 지원, 견고한 독일·스위스식 교육, 그리고 그 자신의 생각을 대담하게 발전시켰던 성격이 아인슈타인을 꽃피우게 한 요인이라는 것이다.

지금까지 알려진 바로는 언어의 최고 천재라고 할 수 있는 이는 19세기 말과 20세기 초에 걸쳐 중국 주재 독일대사관에서 통역으로 일했던 크렙스(Emil Krebs, 1867~1930)라는 사람이다. 그는 60개 이상의 언어를 유창하게 말할 수 있었다고 한다. 예를 들면 그는 아르메니아어를 구사하는 데 9주밖에 걸리지 않았다. 처음 2주간은 문법을 익히고 다음 3주간은 아르메니아 고어를 익히고 마지막 4주간은 구어체를 익힌 다음 9주 만에 유창하게 말을 했다는 것이다. 뒤셀도르프대학이 소장하고 있는 그의 뇌를 다른 11명의 뇌와 비교 연구한 결과에 따르면 그의 뇌는 언어를 관장하는 브로카 영역(Broca's Area)으로 알려진 브로드만 영역(BA) 44번과 45번에서 신경세포의 밀도가 매우 높다는 것이 발견되었다. 또한, BA 44 부분에서는 좌·우반구가 대칭을 이루고 있으나 BA 45는 좌·우반구의 차이가 크며 특히 우반구 쪽이 많이 발달해 있었다(Amunts et al., 2004).

이러한 사실들에 비추어 필자는 지난 수년간 영어를 교육하는 사람으로서 두뇌와 언어에 대한 연구에 관심을 두게 되었다. 빠르게 발달하고 있는 신경언어학에서 나오는 연구 결과 중에서 정상인의 언어와 뇌의 관련 부분을 정리한다는 의미에서 본서를 기획하였다. 이 책은 세 가지 목적을 가지고 있다. 우선 신경언어학 분야에서 의학적인 목적이 아닌 '언어와 영어교육'에 초점을 둔 최초의 한글판 개론서로서 그 역할을 하는 데에 첫 번째 목적이 있다. 이 책은 약간의 영어학 혹은 언어학 지식을 가진 학부 고학년생과 대학원생들의 신경언어학에 대한 이해를 돕고, 이 분야를 전공하고자 하는 이들에게 초보적인 지식을 제공할 수 있을 것이다. 두 번째 목적은 언어의 표상 층위별로 음성, 단어, 문장, 담화 정보들이 두뇌에서 처리되는 과정에 대한 연구결과들을 정리함으로써 영어 교육에 대한 뇌 과학의 발견들이 무엇이며 어디까지 와 있는지를 보여주려는 것이다. 또한 그것을 어떻게 영어교육에서 원용할 수 있을지를 생각하고 제안한다. 마지막으로, 신경언어학이 제2언어 습득(Second Language Acquisition) 분야에서 논의의 대상이 되는 몇 가지 주제에 대하여 어떻게 다루고 있는지 그 밝혀진 연구결과들에 근거하여 논의한다. 그리하여 신경언어학의 발견들이 영어교육에 관심을 둔 분들에게 작은 기여를 할 수 있게 되기를 바란다.

이 책의 구성은 다음과 같다. 제1부는 신경언어학의 개론적인 이해에 중점을 둔다. 신경언어학의 배경과 간단한 역사, 뇌 구조에 대한 이해, 그리고 빠른 속도로 발전해가는 실험기기에 대한 이해, ERP와 fMRI 연구를 위한 기본지식, 그 한계점과 전망을 다루고 있다. 제2부에서는 언어의 구성요소인 음성, 단어, 문장, 그리고 담화에 대하여 우리의 뇌가 그 정보들을 어떻게 처리하는지를 보려고 한다. 신경언어학이 지금까지 밝혀 놓은 것에 근거하여 모국어와 제2언어에 관하여 정리한다. 제3부에서는 제2언어 습득이론에서 관심의 대상이 되고 있는 주제에 대하여 지금까지 신경언어학에서 밝혀진 사실들을 근거로 하여 논의한다. 언어 학습과 기억체계, 모국어의 영향, 제2언어 습득을 시작하는 나이와 제2언어 숙달도와의 연관성, 그리고 보편문법의 문제에 대하여 생각한다.

1880년 미국에서 시작된 과학 저널인 *Science*지가 125주년을 맞은 2005년도에 향후 25년간 다루어야 할 125개 과학적 주제를 정하면서 거기에 언어 학습(Language Learning)을 포함하였다. 그 목적은 언어 학습의 생물학적 기초를 밝히는 데에 있다고 한다. 이제 머지않아 여기에 대하여 더 많은 것이 밝혀지고 과학적 입증이 이루어지리라는 꿈을 가지고 이 책을 시작한다.

2011년 2월

■ 감사의 글

　먼저 하나님께 감사드리고 이 책에 몰두할 수 있는 시간을 가질 수 있도록 연구년을 허락한 서울신학대학교에 감사드립니다. 이 책을 쓰는데 도움을 주신 분들이 수없이 많습니다. 수년 전부터 독회 모임을 통하여 신경언어학 분야의 씨를 뿌려준 한국생성문법학회와 동료 교수들께 깊은 애정과 감사를 드립니다. 특히 동국대학교 교수님들께 받은 은혜가 큽니다. 학문적 넓이와 깊이, 그리고 너그러움이 그 키보다 더 큰 박명관 교수, 그 진지함과 열성으로 감동을 주는 윤영도 교수, 일 년간 신경언어학 강의를 하며 많은 질문에 늘 웃는 얼굴로 대답해 준 황유미 박사, 바쁜 중에도 늘 배려해 준 박범식 교수, 그리고 정원일, 나윤주, 정승원, 이정현 박사과정 학생들에게도 감사드립니다.
　또한, 영어 교육과 문법 이론에 대하여 항상 명쾌한 답을 주신 한양대학교 안성호 교수께 고마움을 전하고 싶습니다. 초고를 읽고 꼼꼼하게 지적하며 격려해 준 우리 영어과의 김정란 교수와 사진으로 큰 도움을 준 김진경 교수, 김화영 박사 그리고 제자 김정인에게 감사드립니다. 한국문화사의 김진수 사장님을 비롯하여 편집을 맡아 고생한 이지은 선생께 감사를 전하고 싶습니다. 그리고 마지막까지 이 원고를 함께 읽으면서 조언해 준 윤영도 교수와 황유미 박사께 다시 한 번 감사드립니다. 그럼에도, 나온 오류는 모두 저의 것입니다.

■ 차례

■ 들어가는 말 ·· 5
■ 감사의 글 ·· 9
■ 차례 ·· 11

제1부 신경언어학 개관 ·· 15

제1장 신경언어학의 발달 ·· 17
1. 신경언어학이란 무엇인가? ··· 17
2. 발달 과정과 철학적 배경 ··· 21

제2장 뇌구조의 이해 ·· 30
1. 뇌의 피질 ··· 32
2. 뇌의 피질하 구조 ·· 35
3. 브로카 영역과 베르니케 영역 ·· 38
4. 브로드만 영역 ··· 40
5. 좌반구와 우반구 ·· 42

제3장 실험장비의 발달 ·· 46
1. EEG ·· 47
2. fMRI ··· 51
3. PET ·· 53
4. MEG ··· 54
5. 기타 방법과 기기 ·· 56

제4장 신경언어학 연구를 위한 실험의 기초 ························· 61
1. 행동반응 실험 ··· 61
2. ERP 실험 ··· 63
3. fMRI 실험 ··· 77
4. 기타 실험 ··· 79

제2부 언어정보의 처리와 영어교육 ········· 83

제5장 음성의 처리과정 ········· 85
1. 제1언어의 음성정보 ········· 87
2. 제2언어의 음성정보 ········· 96
3. 영어교육에 적용하기 ········· 100

제6장 단어의 처리과정 ········· 104
1. 제1언어의 단어정보 ········· 105
2. 제2언어의 단어정보 ········· 115
3. 영어교육에 적용하기 ········· 119

제7장 문장의 처리과정 ········· 123
1. 제1언어의 문장정보 ········· 124
2. 제2언어의 문장정보 ········· 141
3. 영어 교육에 적용하기 ········· 151

제8장 담화 정보의 처리과정 ········· 155
1. 제1언어의 담화 정보 ········· 156
2. 제2언어의 담화 정보 ········· 163
3. 영어교육에 적용하기 ········· 167

제3부 제2언어 습득에 관한 신경언어학적 접근 ········· 171

제9장 언어와 기억 ········· 173
1. 기억의 체계 ········· 174
2. 언어습득·학습에 관련된 기억 ········· 180
3. 영어교육을 위한 시사점 ········· 190

제10장 언어 전이 ········· 194
1. 모국어의 영향은 있는가? ········· 195
2. 영어교육을 위한 시사점 ········· 202

제11장 습득의 나이와 숙달도 ········· 205
1. 습득 나이의 중요성 ········· 206

2. 숙달도의 중요성 ··· 213
    3. 영어교육을 위한 시사점 ····································· 219

제12장 보편문법과 제2언어 습득 ······························· 222
    1. 보편문법이란 무엇인가? ····································· 224
    2. 제2언어 습득이론에서의 보편문법 ······················ 232
    3. 영어교육을 위한 시사점 ····································· 237

- 참고 문헌 ·· 241
- 찾아보기 ·· 257

I
신경언어학 개관

제1장 신경언어학의 발달

1. 신경언어학이란 무엇인가?

신경언어학(neurolinguistics)이란 명칭이 출판물에서 처음 사용된 것은 1970년 전후이다[1]. 그 명칭에서도 볼 수 있듯이 뇌의 신경과학(neuroscience)과 언어학(linguistics)이 만나서 이룬 학문 분야이다. 언어와 뇌의 관계를 다루는 언어의 뇌 과학(neuroscience of language)이라 할 수 있다. 이 분야는 명칭에서 나타나는 두 가지 분야만이 관련된 학문은 아니다. 매우 많은 분야의 연구가 협력해야 하는 학제간(interdisciplinary) 연구라 할 수 있다.

어떤 분야들이 신경언어학과 관련이 있는가? 학술 잡지인 *Brain and*

---

[1] 프랑스의 신경정신과 의사이자 신경 심리학자였던 Henry Hécaen(1912~1983)이 1968년 neurolinguistique라는 용어를 처음으로 출판물에 사용했고 북미에서는 UCLA 심리학과 교수인 Harry Whitaker가 1971년 미국언어학회(LSA) Summer Institute에서 'An introduction to neurolinguistics'라는 강의를 했고, 같은 해 출판한 책에서 처음 사용했다(Paradis, 2004).

*Language*에 따르면 언어학, 신경해부학, 신경병학, 신경생리학, 철학, 심리학, 정신병학, 언어병리학, 컴퓨터 과학이 주요 관련분야이다. 그 밖에도 신경생물학, 인류학, 화학, 인지과학, 인공언어 등의 분야가 관련되어 있다. 다시 말하면 의학 및 자연과학 분야에서는 신경과학과 관계된 모든 분야를 포함하고, 인문과학에서는 언어학, 철학, 심리학 뿐만 아니라 인지과학이라 불리는 학제간학문을 주요 분야로 하고 있다(Ahlśen, 2006).

전통적으로 언어와 뇌의 관계에 대한 연구는 의학 분야에서 여러 가지 증상의 실어증환자나 마비가 일어난 환자의 언어치료를 목적으로 시작되었다. 19세기 말 해부학이 발달하면서 활발해졌고 여러 가지 종류의 언어능력 손상과 뇌의 관계를 밝히기 시작하였으며 지금도 계속 발전하고 있다. 이중 언어 사용자(bilingual)에 대한 연구 또한 두 가지 이상의 언어를 구사하는 환자가 하나의 언어만을 구사하는 환자와 증상이 다르게 나타나고 회복기에서도 각기 다른 과정을 보이는 것에 주목하여 시작된 것이다. 이 책의 목적은 신경언어학이 가지는 원래의 목적이 아니라 그것에서 파생된 정상인의 언어습득과 언어학습에 관한 고찰을 하기 위한 것이다.[2]

Miller(2003)에 따르면, 연구자가 정상인의 언어사용에 대해 관심을 보일 수 있는 상황이 태동한 것은 1950년대 후반이라고 할 수 있다.

---

[2] 신경언어학의 개론서로는 Ahlśen(2006)을 비롯하여 Paradis(2004), Fabbro (1999) 등이 있으나 모두 실어증(aphasia)이나 언어 치료와 관계된 부분이 많이 들어 있다.

그때부터 학문 간의 협동과 융합을 생각하기 시작하였으며 '인지적 연구'라 불릴 수 있는 영역이 생겨날 수 있는 기반이 마련되었다. 이러한 학문의 제휴는 1950년대 후반 하버드 대학에 인지 연구센터(The Harvard Center of Cognitive Studies)가 세워지면서 가속화되었다. 그 이후 언어학자인 촘스키(Noam Chomsky)와 사회심리학자인 브루너(Jerry Bruner)의 영향으로 언어학, 심리학, 인류학이 다시 정립되면서 그 당시 태동한 컴퓨터과학과 신경과학이 본격적으로 협동하기 시작하였다.

그러나 '인지과학'(cognitive science)이라는 학문의 탄생은 그 후에도 여러 해가 걸렸다. 1977년 슬로안재단(The Sloan Foundation)의 지원으로 인지과학 분야에 대한 본격적인 연구를 위하여 학제간연구가 활발해지기 시작한 후였다. 인지과학은 6개 영역의 학문, 즉 언어학, 심리학, 신경과학, 컴퓨터과학, 인류학, 철학이 관련된 분야인데, 그 당시에는 심리학, 언어학, 컴퓨터과학이 중심에 있었다. 아래 그림에서 보는 바와 같이 6개의 영역이 만나서 만들어 낼 수 있는 학문영역은 15개가 될 수 있지만 1970년대 후반에는 그중에서 11개 분야가 이미 존재하였다고 한다.

1980년대 한때에는 인지과학이 과연 과학으로서 실체가 있는 것인가 하는 의구심도 일어났으나 다음 그림에서 보듯이 6개 꼭짓점의 연결로써 보여주는 학문의 융합적 발전은 계속되고 있다. 이렇게 언어치료가 목적이 아니라 정상인의 언어와 뇌의 관계를 연구하기 시작한 것은 불과 30여 년의 역사에 불과하다고 하겠다.

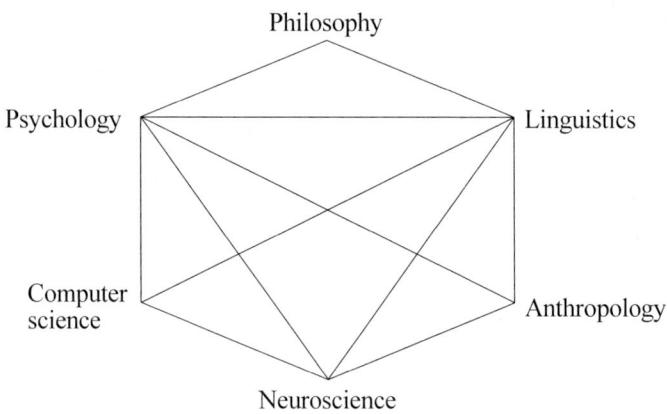

그림 1-1. Miller 2003:143 Figure 1.

신경언어학의 연구 분야는 인간의 언어 사용능력과 의사소통이 뇌의 어떤 부분에서 어떤 기능으로 어떠한 회로(circuit)를 거쳐 이루어지는가를 밝히는 것이다. 1990년대 이후 급속도로 발전하기 시작한 과학기기에 힘입어 신경언어학의 연구는 더욱 탄력을 받게 되고 모국어의 습득뿐만 아니라 외국어나 제2언어의 학습/습득에 관한 연구가 본격적으로 시작되어 1990년대 후반부터는 많은 연구결과가 나오기 시작하였다.

21세기에 들어와서 모국어만 구사하며 일생을 살겠다고 생각하는 젊은이는 드물 것이다. 적어도 두 가지 이상의 언어를 구사하고 싶다고 한 번쯤 생각해보지 않은 사람은 거의 없을 것이다. 또한, 사회적으로 일어나는 영어를 위한 조기 유학의 허와 실을 보면서 그 해결의 실마리는 없을까라고 생각해보지 않은 사람은 드물 것이다. 이와 같은 상황에서 신경언어학 분야에서 외국어 학습과 제2언어습득에 대한 연구는 더욱 그 필요성이 높아진다고 하겠다. 이러한 연구가 많아질수록 우리의 관심사인 영어교육에 대해서도 더 많은 것이 실증적으로 밝혀질 수 있을 것이다. 그리하여 영어교육에 대한 신경 과학(Neuro-science of English Education)에도 새로운 지평을 열 수 있는 날이 올 것이다.

2. 발달 과정과 철학적 배경

(1) 19세기 이전의 역사

인류역사에서 언어의 중추로서 뇌에 대한 최초의 언급은 이미 기원전 3500년경에 고대 이집트어로 기록된 Edwin Smith 파피루스에 나타나 있다. 이집트인은 그 문서가 만들어진 시기보다 훨씬 전부터 뇌를 다치면 몸의 다른 부분에 장애가 일어날 수 있고 말을 못하는 것이 뇌의 기능과 관계된다는 사실을 알고 있었다고 추정된다.

고대 그리스에서 기원전 400년경에 '서양의학의 아버지'라 불리는 히포크라테스(Hippocrates of Cos)도 언어장애가 반신마비와 관계가 있고 이 반신마비는 반대쪽 뇌의 손상과 연관되어 있음을 관찰하였다. 기원전 300년경 인류 최초의 해부학자로 추정되는 헤로필로스(Herophilos)는 인간의 지성이 뇌 속의 각각 다른 뇌실(ventricle)에 들어 있다고 생각하였다. 그뿐만 아니라 기원전 4세기경 고대 그리스 철학자 플라톤(Plato)도 모든 감각의 중심을 뇌라고 보고 뇌 속의 다른 부분에 인간 영혼의 다른 능력이 각각 들어 있다고 보았다. 이것은 18세기까지도 서양에서는 지배적인 생각이었으며 인간의 정신적 능력이 뇌 속의 다른 부분에 독립적으로 존재한다는 국소주의(localism)의 기초가 되었다.

중세를 거치면서 뇌실에 대한 다른 주장들이 있었다. '현대철학의 아버지'라 불리는 17세기 프랑스의 철학자요, 수학자인 데카르트(René Descartes 1596~1650)는 영혼은 나눌 수 없으며 영혼의 중심은 뇌의 한가운데 있는 송과선(pineal gland)에3 들어 있다고 주장하였다. 또한, 영혼의 중심이 좌·우반구를 연결하는 뇌량(corpus callosum)에 있다는 주장도 있었다. 이렇게 인간의 정신적인 모든 능력을 하나의 개체로 보고자 하는 일원론(unitarism)적인 사고는 인간 영혼은 하나이며 분리될 수 없다는 기독교의 교리와 상통하였으므로 중세시대 교회의 지지를 받았다.

한편, 18세기 후반에 와서야 좀 더 근대적인 사고가 시작되었다고 할 수 있다. 독일 의사인 게스너(Johann A.P. Gesner 1738~1801)는 실어증에 관한 여섯 가지 사례를 기술한 'Die Sprachamnesie'(speech amnesia)라는 저술에서 지금까지와는 다른 견해를 피력하였다. 그는

---

3 송과선은 이름에 나타나 있는 것과 같이 솔방울 모양으로서 5~8 mm의 아주 작은 크기이며 뇌간(brain stem)의 윗부분에 그리고 양쪽 시상(thalamus)의 사이에 있다. 우리의 잠과 관계되는 멜라토닌을 분비하는 기관으로 알려져 있다.

말하는 것과 글을 쓰는 것은 기억의 기능이므로 언어장애는 기억력 장애의 한 증상이라 보았으며, 기억력 장애는 뇌의 각각 다른 부분 사이의 연결에 문제가 일어난 결과로 보았다. 그러므로 그는 이러한 장애가 언어로 촉발되는 이미지의 연상이나 추상적 사고를 하는 일에도 어려움을 초래한다고 하였다. 이것은 신경생리학(neurophysiology)적인 면에서 다루어지는 연합주의(associationism)에 대한 최초의 주장이라고 할 수 있다.

(2) 19세기의 역사

19세기에 와서 비로소 대뇌피질(cerebral cortex)에 대한 인식이 생겨나기 시작하였다. 독일의 신경해부학자요 생리학자인 갈(Franz Joseph Gall 1758~1828)은 인간의 정신적 능력이 두개골의 바로 밑에 있는 대뇌피질에 있다는 주장을 하였다. 그는 뇌가 담당하는 인간의 27가지 능력을 확인하고 각각의 능력이 대뇌피질의 각 부분에 있다고 보았다. 언어와 관련된 부분은 두 곳인데 모두 전두엽(frontal lobe)에 있으며 각각 말의 발화와 단어 기억을 담당하는 부분으로 보았다. 한편, 두개골의 발달은 바로 아래에 있는 대뇌피질의 크기에 따라 달라진다고 추정함으로써 두개골의 모양과 크기로 사람의 능력을 알아볼 수 있다는 골상학(phrenology)을 주장하기도 하였다. 대뇌피질에 대한 그의 연구와 주장은 그동안 인간의 뇌에 대한 이해가 뇌의 일부에 대한 이해로만 존재했던 것에서 벗어난 것으로서, 현재의 뇌에 대한 이해와 가장 근접했다고 할 수 있다.

19세기 후반에 와서 드디어 언어와 뇌에 관한 본격적인 연구가 일어났다. 프랑스의 외과의사이며 해부학자요 인류학자인 브로카(Paul Broca 1824~1880)는 1861년 실어증을 앓고 있던 환자가 사망한 후, 그의 뇌를 절개하여 손상된 부위를 찾아내었다. 좌반구 앞쪽에 있는 한 부분의 손상이 언어사용에 문제를 일으켰다고 추정하고 그 부분을 브로카 영역(Broca's Area)으로 부르게 되었다. 그 후 1874년 독일의 신경정신과 의사이자 해부학자인 베르니케(Carl Wernicke 1848~1904)는 Broca의 이론을 연구하다가 언어 생산(language production)은 주로 브로카 영역에서 이루어지지만, 언어 이해(language comprehension)는 다른 부분에서 이루어진다는 것을 발견하였다. 이 부분은 좌반구의 중간 부분에서 가로로 난 깊은 골인 외측구(lateral sulcus) 끝 부분의 아래에 자리 잡고 있으며 베르니케 영역(Wernicke's Area)이라고 부른다.[4]

인간의 뇌와 이중 언어의 관계에 대한 최초의 과학적 고찰도 19세기 말에 이루어졌다. 1898년 프랑스의 신경과 의사인 뻬트르(Albert Pitres 1848~1928)가 수행한 두 개의 언어를 구사하는 실어증환자에 대한 연구로부터 시작되었다. 그는 특정한 물체의 이름이나 단어를 말하지 못하는 건망성 실어증(amnestic aphasia) 환자를 연구하면서 그 결과가 국소주의나 연합주의의 모델과는 맞지 않음을 알게 되었다. 언

---

[4] Broca's Area와 Wernicke's Area에 대해서는 2장에서 좀 더 자세하게 다룬다.

어장애가 시간의 경과와 함께 달라지기도 하고 회복하기도 하였으며, 최근에 배워 익힌 것일수록 잘 잊어버리고 그 자리를 어린 시절에 혹은 자동으로 습득한 것이 대신한다는 것을 관찰하였다. 이것은 하나의 언어만을 구사하는 실어증 환자와 차이가 있으며 어느 한 가지 모델만으로는 설명하기 어렵다는 것을 알게 되었다. 이처럼 19세기에는 인간의 뇌와 언어에 대하여 역사적으로 중요한 연구가 상당히 이루어졌으며, 뇌의 연구를 위한 목적은 주로 실어증의 요인에 대해 설명하려는 것이었다.

한편, 이 연구들의 철학적 배경을 보면 크게 두 가지로 나눌 수 있다. 국소주의와 연합주의가 그것이다. 국소주의란 인간이 가진 언어 기능과 같은 고도의 기능들이 뇌의 특정한 부분과 연관되어 있다는 가정을 하고 있다. 뇌의 각 특정부분은 그 중심을 가지고 있으며 한 중심이 다른 중심보다 우위에 있거나 하위에 있다는 것으로, 실어증은 뇌의 언어기관이 손상을 입은 결과로 보았다. 이러한 견해는 특히 Gall과 Broca에 의해 지지를 받았다.

반면에, 연합주의는 인간이 가진 고도의 기능들이 뇌의 다른 부분들 사이의 연결에 의존한다고 가정한다. 예를 들면 언어적 능력은 이미지들과 단어들 사이의 관계로 규정하였다. 그러므로 실어증은 언어능력에 필요한 중심부분들의 연결이 깨어질 때 일어나는 결과라고 생각하였다. 특히 Wernicke가 지지했던 견해라고 할 수 있다. 그러나 이러한 이론들이 서로 배타적일 수만은 없으며 연속선상에 있다고 보아야 한다.

(3) 20세기 이후의 역사

20세가에 들어설 무렵부터 이전 시기를 지배해 오던 국소주의나 연합주의와는 다른 철학적 배경이 대두하였다. 프랑스의 철학자 베르그송(Henri Bergson 1859~1941)은 기억이 인간의식의 기반이 아니라 동력적인 계획이 인간의식의 기반이라는 이상주의적 사고를 피력하였다. 독일의 심리학자들도 추상적 사고가 더 기본적이고 독립적이며 감각적 인상이나 이미지로 환원될 수 없다고 주장하였다. 오스트리아의 유명한 정신분석학자인 프로이트(Sigmund Freud 1856~1939)도 연합주의를 비판하였다. 상징적인 행위(symbolic activity)가 주요한 정신적 과정이라는 사고의 강화는 더 나아가 심리학에서 행동과 그 심리적 분석을 중요시하는 행동주의(behaviorism)를 낳았다.

이러한 전체주의(holism)적인 사고는 20세기 중반까지 심리학뿐만 아니라 뇌 연구에도 영향을 끼쳤다. 전체주의는 뇌가 고도의 기능들을 수행하려면 하나의 총체로서 그 역할을 한다는 가정을 하고 있다. 예를 들면 대뇌피질은 고도의 인지적 기능, 상징적인 사고, 지능, 추상화(abstraction)와 같은 기능을 총괄한다고 생각하였다. 이러한 생각은 인지주의(cognitivism)로 불리기도 하였다.

이러한 기류 속에서도 국소주의는 살아 있었다. 그중에서도 독일의 신경학자인 브로드만(Korbinian Brodmann 1868~1918)은 1909년 대뇌피질의 세포조직구조에 따라 두뇌를 52개 부분으로 나누어 번호를 붙이고 각 번호가 담당하는 역할을 분류하였다. 그것을 브로드만 영역

(Brodmann Areas)이라 부르고 번호 앞에 BA를 붙여서 표시하며 지금도 많이 사용하고 있다. 예를 들면 BA 44와 BA 45는 브로카 영역을 가리킨다.

  국소주의와 연합주의의 가장 강력한 비판자이자 전체주의자로 손꼽히는 영국의 신경학자인 헤드(Henry Head 1861~1940)는 몸의 감각체계와 감각신경을 연구하였다. 그는 해부학적 증거보다는 자극이 어떻게 반응을 일으키는가와 그 반응이 얼마나 복합적인가를 연구하였다. 헤드는 인간의 뇌를 진화과정의 결과로서 생긴 계층적 구조를 가진 기관으로 보았으며 그 전체적인 뇌에서 나오는 반응에 더 주목하였다. 따라서 실어증도 그 현상에 따라 네 가지로 분류하여 정의하였다. 즉 전반적으로 말이 어눌해지는 verbal aphasia, 단어는 제대로 구사하지만 문법에 맞지 않는 문장을 말하는 syntactic aphasia, 이름과 사물의 명칭을 말하지 못하는 nominal aphasia 그리고 상황에 맞지 않고 앞뒤가 맞지 않는 말을 하는 semantic aphasia로 분류하였다.

  이렇게 20세기 중반까지 지배하던 전체주의와 함께 연합주의도 영향을 끼치고 있었다. 연합주의를 연결주의(connectionism)로 더욱 발전시킨 사람은 미국의 신경학자인 게스윈드(Norman Geschwind 1926~1984)였다. 그는 좌반구와 우반구의 연결과 뇌 내부에서의 연결에 대한 것을 해부학적으로 자세히 묘사하고 그 연결이 무너지면 실어증을 포함한 여러 가지 다른 증세가 나타난다고 주장하였다. 그는 1960년대에 미국의 Boston 학파[5]에 큰 영향을 끼쳤으며 실어증 치료에 대한 더욱 세분된 목록을 작성하였다.

한편, 20세기에 유럽을 중심으로 많은 영향을 끼친 학자로는 신경심리학(neuropsychology)의 창시자라고 불리는 러시아의 루리아(Alexander Luria 1902~1977)가 있다. 그는 뇌를 기능적인 연결 체계로 보고 뇌를 기능적으로 세 개의 구역(Block I, II, III)[6]으로 나누었다. 뇌의 활동은 매우 복합적이므로 하나의 작업을 하려면 반드시 이 세 구역 간에 협동이 있어야 한다고 보았다.

신경언어학적 연구에서 20세기를 지배한 철학적 배경을 요약하자면, 전체주의가 지배하는 가운데 국소주의와 연합주의의 맥이 또 다른 형태로 부활하는 형국을 가지고 있다. 전체주의는 인지적 연구로 귀결되고 국소주의는 더욱 기능적인 역할을 강조하는 적극적인 기능 국소주의에 살아 있으며 연합주의는 연결주의로 발전되어 살아 있다. 우리의 뇌와 언어의 관계를 설명하기 위한 작업에는 이 모든 이론이 연속선상에서 협동하는 것이 필요할 것이다.

뇌에 대한 연구는 1970년대까지는 거의 모두가 언어치료를 목적으로 하는 의학 분야의 연구였다고 해도 과언이 아니다. 정상인의 언어

---

[5] Boston학파는 Boston에 있는 실어증 연구센터(Aphasia Research Center)를 중심으로 모인 연구자들을 말한다. Chomsky의 언어학이론을 중시하고 실험심리학의 전통을 가지고 있다.

[6] Block I은 피질하부를 포함하며 대략적으로 심리적 처리를 하는 곳이며, Block II는 정수리를 기준으로 대뇌피질의 뒤쪽을 포함하며 대략적으로 감각을 수용하고 분석하며 정보를 저장하는 기능을 한다고 본다. Block III는 정수리를 기준으로 대뇌피질의 앞쪽을 포함하며 정신적 작용을 통제하고 처리하는 것으로 보며 의사소통을 위해 연결된 문장을 구성하는 기능을 한다고 본다.

에 대한 연구는 1980년대 초부터 이루어지기 시작하여 언어 처리(language process), 언어 학습(language learning) 등의 분야에까지 확대되었다. 여기에 컴퓨터과학의 발달과 뇌 연구를 위한 다양한 과학기기의 발달은 이 분야의 연구를 더욱 촉진하고 있다.

§ 요약

이 장에서는 신경언어학이 구체적으로 어떤 분야의 학문인지 그리고 어떻게 태동하였는지를 소개하였다. 고대로부터 시작된 인류의 뇌에 대한 이해의 역사와 그 철학적 배경을 19세기 전·후, 그리고 20세기에 대하여 간략하게 기술하였다. 또한, 여러 가지 학설이 가지고 있는 철학적 배경을 설명하고 국소주의, 연합주의, 연결주의의 발달과정을 소개하였다.

□ 핵심 단어 □

신경언어학(neurolinguistics)
인지과학(cognitive science)
실어증(aphasia)
국소주의(localism)
연합주의(associationism)/연결주의(connectionism)
전체주의(holism)

제2장 뇌구조의 이해

두개골 안에 들어 있는 뇌의 모양은 겉에서 보기에는 쭈글쭈글하고 말랑말랑한 세포조직이다. 사람의 뇌에는 약 천억 개의 뉴런(neuron, 신경세포)이 있고 그 뉴런들의 활동을 지지하는 수천억 개의 아교세포(glial cell)[7]가 있다. 뇌의 무게는 몸무게의 약 2%에 불과한 1.3kg 전후이지만 우리 몸 전체가 사용하는 산소와 열량 중에서 약 20%를 사용한다. 뇌는 사람마다 크기나 주름의 모양이 조금씩 다르지만 그 기본 구조는 같다.

뇌 전체는 뉴런과 그들의 연결들이 만들어내는 고도의 복합체이다. 뉴런은 다른 체세포들과 대부분 공통점을 가지고 있으나 전기화학적 신호를 만드는 특수한 기능을 하고 있다. 다른 세포들로부터 오는 정보를 수상돌기(dendrite)를 통해 받아들이고 전기화학적 신호를 축삭(axon)이라는 가지를 통하여 내 보낸다. 축삭의 끝에 달린 종말단추

---

[7] 교세포라고도 부른다. glia는 그리스어로 glue를 의미하지만 붙이는 역할을 하는 것은 아니다. 뉴런에 영양과 산소를 공급하고 뉴런을 보호하며 죽은 세포를 처리하는 일을 한다.

(terminal button)는 한 뉴런의 신호를 다른 뉴런으로 전달한다. 이 종말단추와 다른 뉴런의 수용체 사이의 매우 좁은 틈을 시냅스(synapse)라고 한다. 다음은 가장 단순화된 하나의 뉴런을 보여준다.

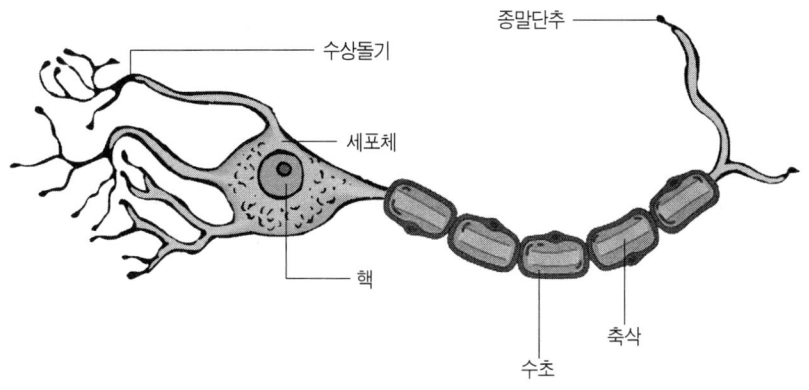

그림 2-1. 뉴런의 구조[8]

뇌의 중앙 수직단면을 보면 가장 기본적인 구조는 두 곳으로 나누어 볼 수 있다. 피질(cortex)과 피질하구조(subcortex)이다. 겉으로 보면 많은 주름이 보이는데 이것을 피질이라 하고 이 피질의 65%는 겉에서 보이지 않는 주름 속에 있다. 바깥에서 가까운 이 피질 부분을 대뇌피질(cerebral cortex)이라고도 부르는데 약 6cm 정도의 두께이고 대부분 6개 층의 구조로 되어 있으며 뇌 전체의 약 80%를 차지한다. 그리고 대뇌 피질이 싸고 있는 내부를 피질하구조라고 부른다. 피질하구조는 좌·우반구에 걸쳐서 있지만 여러 가지 복잡한 구조로 되어 있다. 뇌

---

[8] www.google.com/imgres?imgurl=http://scienceblogs.com

속의 구조들 사이에는 뇌실(ventricle)이라 불리는 연결된 4개의 공간이 있는데 이것은 뇌척수액으로 채워져 있어 뇌를 외부의 충격으로부터 보호하는 역할을 한다.

두뇌 골 전체의 가운데 꼭대기 부분을 보면 좌반구(left hemisphere)와 우반구(right hemisphere)를 나누는 깊은 틈새가 있다. 그리고 좌·우반구는 약 2백만 개의 섬유로 이루어진 뇌량(corpus callosum)으로 연결되어 있다. 좌반구의 구조는 그에 상응하는 구조가 우반구에도 있다고 보지만 그 크기나 세포구조와 밀도 사이에는 차이가 있다. 이 장에서는 언어와 관계된 부분들을 중심으로 뇌의 구조를 이해하고 그 명칭들을 익히고자 하는 것이 목적이다.

1. 뇌의 피질

우리는 뇌를 주로 바깥에서 바라보므로 피질이 가장 먼저 눈에 들어온다. 그러나 우리의 뇌는 안쪽에서 바깥쪽으로 성장하고 진화해 왔다. 엄마의 뱃속에서 자랄 때도 같은 경로를 밟는다. 마치 씨앗이 자라 먼저 가는 줄기가 만들어지고 그 위로 무성하게 잎이 자라서 한 그루의 나무가 되는 것처럼 우리의 뇌도 뇌간(brain stem)이 먼저 만들어지고 그 위로 피질하구조가 만들어지고 그리고 피질이 생긴다.

주름으로 이루어진 피질은 가장 바깥에 회색빛을 띠는 회백질(grey matter)이 있고 그 아래를 백질(white matter)이 채우고 있다. 회백질은 수많은 신경세포를 포함하며 이 신경세포들 사이에 더 많은 연결이 맨눈으로 보면 하얗게 보이는 백질을 이룬다.

이 피질은 네 개의 두엽(lobe)으로 나누어진다. 전두엽(frontal lobe), 두정엽(parietal lobe), 측두엽(temporal lobe), 후두엽(occipital lobe)이다. 측두엽 속에는 마치 고립된 섬처럼 섬피질(insula)이라는 부분이 있고[9] 후두엽 아래에 소뇌(cerebellum)가 이어져 있다. 소뇌의 역할은 정교한 운동 움직임에 관여하지만, 최근에는 인지기능에도 필요하다는 것이 밝혀지고 있다.

각 반구에는 주름 사이에 주요한 틈새가 두 개 있다. 하나는 양쪽 귀를 잇는 선에서 약간 앞쪽에 있는 중심구(central sulcus 혹은 Rolandic fissure라고도 한다)인데[10] 전두엽과 두정엽을 가르고 있다. 다른 하나는 앞의 밑 부분에서 뒤쪽으로 가로로 올라가 있는 외측구(lateral sulcus 혹은 Sylvian fissure라고도 한다)인데 윗부분에 있는 전두엽, 두정엽에 대해서 측두엽을 가르고 있다. 외측구는 좌반구의 것이 우반구의 것보다 조금 길다. 다음 그림을 보면 네 개의 두엽과 그 아래에 있는 소뇌와 뇌간, 그리고 중심구와 외측구의 위치를 알 수 있다.

---

[9] 피질의 넓은 부분을 차지하고 있고 수 억개의 신경세포가 들어있다. 이 영역은 구토나 역겨움 같은 '내장느낌'에 관련되는 것으로 알려져 있으나 다른 기능도 있을 것으로 추정된다.
[10] 구(sulcus)는 대뇌피질의 주름에서 안으로 접혀진 부분(valley)을 말하고 더 깊이 접혀 들어간 부분을 열(fissure)이라고 한다. 반대로 주름에서 볼록 돋아난 부분(hill)을 회(gyrus)라고 한다.

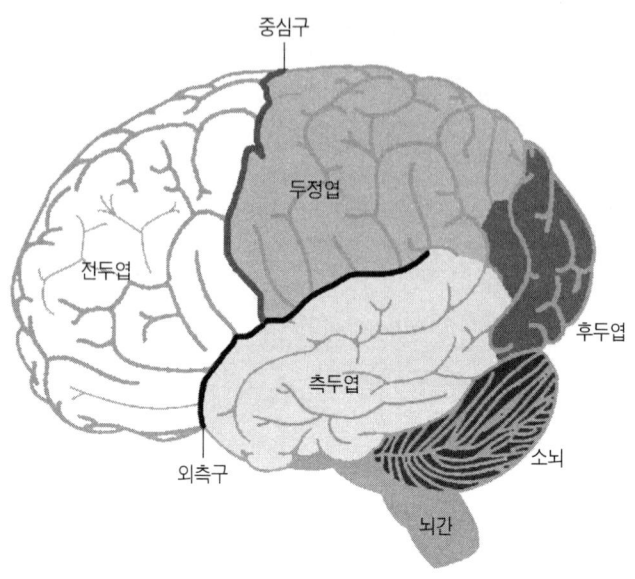

그림 2-2[11]. 뇌의 네 가지 두엽과 주요 기본구조

피질의 기능을 간단히 말하면, 전두엽은 지각작용과 근육운동 등을 주로 지배하고 두정엽은 촉각과 미각을, 측두엽은 청각을, 후두엽은 시각을 주로 지배하지만 이들은 항상 상호 연결되어 작용한다. 여기에서 전두엽의 가장 앞부분에 있는 전전두엽(prefrontal lobe)은 우리 뇌의 피질에서 가장 크며 다른 영장류와 인간의 종을 구별 지어주는 특징이기도 하다. 이것은 우리의 인지기능에서 매우 중요한 일을 하는데 활동을 계획하고 시작하며 사용할 핵심정보를 유지 보존하고 자신의 행동을 감시하고 억제하는 일 등을 한다. 이처럼 전두엽은 다른 영장

---

[11] http://www.google.com/imgres?imgurl=http://scienceblogs.com/neurotopia/lobes

류에 비해 인간에게서 가장 크며 언어, 사고력, 고차원의 정신활동을 하는 데 필요한 기능을 한다.

2. 뇌의 피질하 구조

대뇌피질의 내부에는 피질하구조(subcortex)가 있다. 진화론적 관점에서 보면 피질 부분보다 먼저 발달한 것이므로 구뇌(old brain)라고 불리기도 한다.[12] 이 안에는 크게 세 가지가 들어 있다. 바깥쪽에서부터 살펴보면, 첫째는 좌반구와 우반구를 이어주는 다리 역할을 하는 뇌량이다. 뇌량은 섬유 다발로서 백색을 띠며 활 모양으로 굽어져 있다. 그 사이를 이동하는 신경세포의 수는 1억 개가 넘는 것으로 추산되며 양반구의 정보를 통합하기 위해 끊임없이 정보를 교환한다.

두 번째는 변연계(limbic system)와 기저핵(basal ganglia)이다.[13] 변연계는 여러 가지 영역을 가진 우아하고도 복잡한 구조로 되어 있으며 주로 백질로 구성되어 있다. 이것의 가장 바깥 부분에는 휘어진 굵은 활과 같은 대상피질(cingulate cortex)[14]이 있는데 뇌량을 바깥에서 싸고

---

[12] 이런 관점에서 대뇌피질을 신뇌(new brain)라고 부르기도 한다.
[13] limbic은 라틴어로 가장자리 혹은 고리를 의미하는 limbus에서 왔는데 이 용어의 정확성에 이의를 제기하는 학자들도 있다. 변연계라는 용어는 편의상 많이 사용되고 있지만 그 사용목적에 따라 다르게 나올 때도 있다. 이 장에서는 신경언어학에서 거론되는 부분들을 중심으로 소개한다.
[14] cingulum은 라틴어로 belt를 의미하는데 대상피질의 모양을 나타낸다. 뇌의 정중앙에 있다.

있다. 그 아래에는 타원형의 시상(thalamus)을15 싸고 있는 가늘고 양쪽이 갈라진 활 모양의 뇌궁(fornix)이 있는데 주로 신경섬유다발로 이루어져 있다. 이것은 뇌궁과 대상피질에 연결된 해마(hippocampus)의16 신호를 갈라진 양쪽 끝에 있는 중격(septum)과 유두체(mammillary bodies)에 전달한다. 작은 소시지 모양의 해마는 양쪽에 있고 그 끝부분에 작은 아몬드 모양의 편도체(amygdala)가 달렸다. 이처럼 변연계의 주요 구조는 대상피질, 뇌궁, 중격, 유두체, 해마, 편도체이다.

해마 안쪽, 뇌의 중심부분에 여러 핵으로 이루어진 덩어리가 있는데 이것을 기저핵이라고 한다. 기저핵은 각 반구에 하나씩 있는데, 그 구조는 시상의 바깥부분에 얇은 렌즈 모양의 피각(혹은 조가비핵, putamen), 그 윗부분에 있는 기저핵을 싸고 있는 꼬리 모양의 미상핵(caudate nucleus) 그리고 시상과 피각 사이에 있는 담창구(혹은 창백핵, globus pallidus)로 이루어져 있다. 이처럼 기저핵의 주요부분은 피각, 미상, 담창구 그리고 편도체가 있다. 편도체는 변연계와 기저핵 두 구조에 운동계 역할을 담당한다.

변연계의 주요 기능은 인간의 감정유발, 여러 가지 종류의 기억 저

---

[15] 시상(thalamus)은 피질하 구조에는 포함되지 않는다. 뇌의 중앙에 있는 시상은 room, chamber라는 뜻을 가지고 있으며 간뇌(diencephalon)의 주요부분으로 뇌간(brain stem) 꼭대기에 얹혀 있는 두 개의 타원형의 엽이다. 감각정보를 대뇌피질의 적당한 장소로 전달하는 역할을 한다.

[16] 해마(hippocampus)라는 이름은 희랍어로 말과 바다괴물이라는 뜻을 가진 단어의 합성어이다. 뇌궁과 연결되어 있는 단면 모양이 해마(seahorse)와 흡사하여 붙여진 이름이다.

장 등 인지작용과 매우 관계가 깊은 것이다. 특히 시상은 우리 뇌에 들어오는 거의 모든 정보가 피질로 가기 전에 일단 거쳐 가는 곳이며 해마는 의식적 경험을 기억할 때 필요한 구조로서 장기기억과 관계가 깊은 곳이다. 기저핵은 운동조절을 담당하고 모국어를 사용할 때에 활성화되는 것으로 알려졌다.

피질하구조의 세 번째 부분은 뇌간(brain stem)으로서 시상 바로 아래에 있으며 척수를 통하여 몸과 뇌를 이어주는 부분이다. 다음 그림은 기저핵과 변연체의 대략적인 구조를 보여준다.

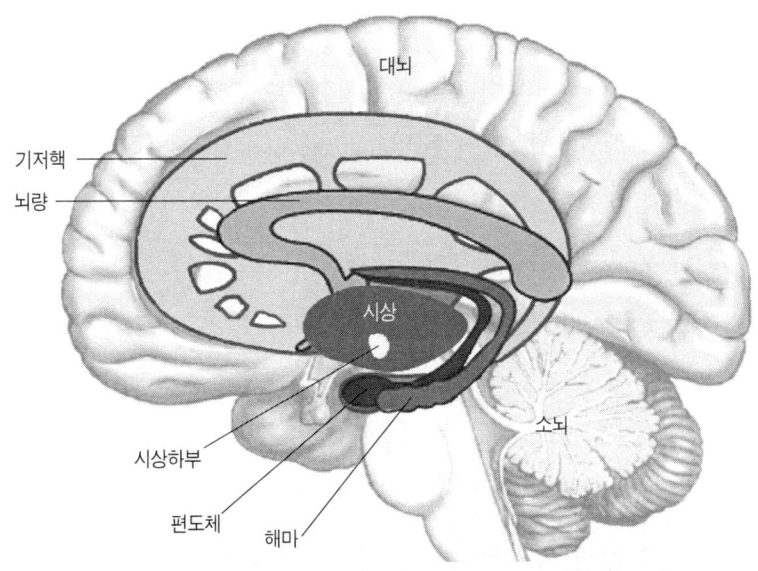

그림 2-3[17]. 기저핵과 변연체의 주요 구조

---

[17] http://imueos.wordpress.com/2010/11/07/basal-ganglia

3. 브로카 영역과 베르니케 영역

Paul Broca는 1861년 최초로 인간의 언어와 뇌의 영역을 연결한 프랑스 의사이다. Tan이라 불리는[18] 실어증 환자의 사후에 뇌를 해부해 본 결과 전두엽에서 외측구 위쪽 부분이 손상되어 있음을 발견하고 이 부분이 언어를 관장하는 곳이라고 생각하였다. 그리고 이 부분을 브로카 영역(Broca's Area)이라고 이름 지었다. 그 후 1867년 Carl Wernicke는 언어의 생산과 이해가 모두 브로카 영역에서 이루어지는 것은 아니라고 주장하고 언어의 이해는 두정엽의 아래 외측구의 뒷부분에서 이루어진다고 주장하였다. 그리고 이 부분을 베르니케 영역(Wernicke's Area)이라고 불렀다. 따라서 브로카 영역은 언어를 밖으로 표현하는 회화와 같은 언어생산(language production)에 주로 관여하고 베르니케 영역은 말이나 글의 이해와 의미파악과 같은 언어이해(language comprehension)에 주로 관여한다고 알려졌다. 그러나 최근에 밝혀진 바로는 브로카 영역이 언어 이해에도 상당한 역할을 한다고 한다. 이 두 영역은 90% 이상의 사람들에게 좌반구에 있지만, 극히 일부의 사람에게는 다른 곳에 있다고 한다.

이처럼 19세기 이래로 피질의 언어영역들이 밝혀져 왔지만, 뇌 영상 기술의 발전에 따른 최근의 연구에 의하면 브로카 영역과 베르니케 영역의 정확한 기능에 대해서 아직도 논란이 많다. 그 기본적인 기능

---

[18] 이 환자는 일생동안 [tan]이라는 말 밖에 하지 못했으므로 그런 별명으로 불리었으나 원래 Broca의 논문에 나온 이름은 르보흐뉴(Leborgne)이다.

에 대해서는 이의가 없으나 좌반구에 있는 언어 영역들의 더 많은 기능이 밝혀지고 있으며 또한 이들 이외에도 언어와 관련된 영역들이 알려졌기 때문이다.

예를 들면 브로카 영역은 전통적으로 브로드만 영역(BA) 44번과 45번에 해당하는데 이것은 전두엽에 있는 하전두회(inferior frontal gyrus[19], IFG)의 일부이지만 좌측 IFG 전체로 확대되어야 한다는 제안이 있다. 또한 BA 45는 모국어뿐만 아니라 제2언어의 생산에 주로 관여하는 곳이라는 주장도 있다.[20] 그리고 BA 44는 주로 언어의 구조, 즉 구문(문법)과 관계된 영역으로 알려졌지만 또 다른 연구에 따르면 구문의 종류에 따라 서로 다른 피질이 활성화된다고 한다. 그러므로 이 영역은 확대되어 BA 47과 BA 6을 포함하며 말의 소리, 의미, 구문적 관계를 통일하는 기능을 하는 곳으로 보아야 한다는 것이다.

베르니케 영역은 전통적으로 BA 22에 해당하는데 이것은 측두엽에 있는 상측두회(superior temporal gyrus, STG)의[21] 일부이다. 이 부분에 대한 위치에 대해서도 다른 의견이 많으며 최근에는 두정엽의 BA 39와 BA 40을 포함해야 한다는 제안이 있다. 이러한 엄밀한 구분은 어느 정도 인위적이지만 인간의 언어활동에서 이 두 영역 간에 지속적인 상호작용이 일어난다는 것은 틀림이 없다.

---

[19] 하전두회를 순수한 우리말로 하면 '아래이마이랑'이라고도 부른다.
[20] fMRI를 사용한 연구에서는 또 다른 이름으로 불리는데 BA44는 하전두회 덮개부분(IFG pars opercularis)이라 하고 BA45는 하전두회 세모부분(IFG pars triangularis)이라 한다.
[21] 상측두회는 '위관자이랑'이라고도 부른다

많은 과학자는 회화와 언어의 상당 부분은 장기기억과 작업기억에 의존한다고 보고 있다. 따라서 어휘, 구문, 의미구조 등은 고도로 분산된 피질 네트워크를 통하여 일어나는 것이고 이 네트워크들은 수많은 뉴런의 연결에 의존하고 있다. 다음 그림은 두 영역의 위치를 보여준다.

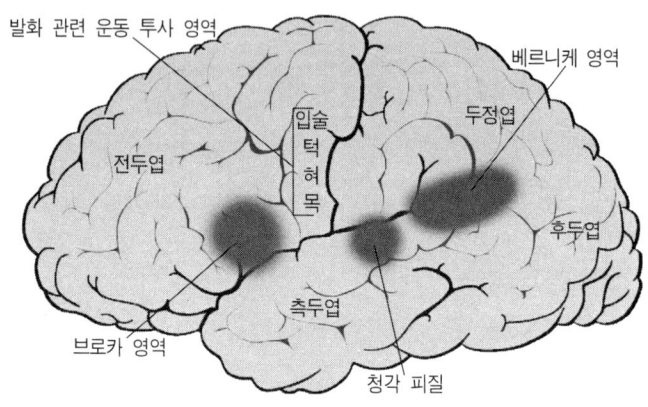

그림 2-4. 브로카 영역과 베르니케 영역[22]

4. 브로드만 영역

1909년 독일 신경학자인 브로드만(Korbinian Brodmann)이 인간의 대뇌피질에 있는 세포조직들을 염색한 후 그 모양과 기능에 따라 52개의 영역으로 나누어 번호를 붙인 지도를 발표하였다. 그러나 Brodmann은

---

[22] http://www.google.com/imgres?imgurl=http://www-rohan.sdsu.edu/~gawron/intro/course

이 지도가 나온 근거와 기준이 무엇인가에 대한 자료를 제시한 적이 없으므로 그 정확성과 기준에 대한 의문과 비판이 있었다. 그 이후 상당한 수의 영역들이 예를 들면 "23a" "23b"와 같은 식으로 더욱 세분되어 약 100개에 달하는 영역으로 나누어졌다.

그럼에도 현재 가장 많이 사용되는 뇌 지도 중의 하나이다. 피질의 우편번호인 셈이다. 인용할 때에는 번호 앞에 BA를 붙인다. 아래 그림을 가지고 대뇌 피질의 기능을 소개하면 다음과 같다.

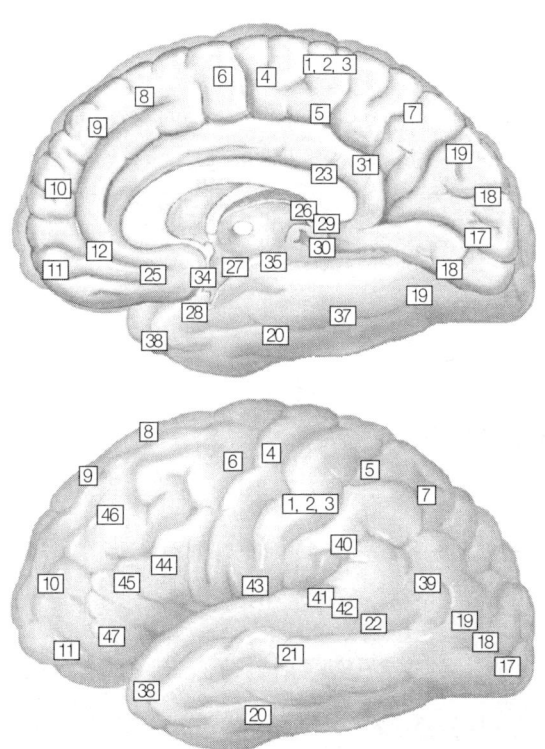

BA 1, 2, 3 : 일차 체성감각 피질 (primary somatosensory cortex)
BA 4 : 일차 운동 피질 (primary motor cortex)
BA 6 : 이차 운동 피질 (secondary motor cortex, 운동전 & 보조운동영역)
BA 7 : 체성감각 연관 피질 (somatosensory association cortex)
BA 13 & 14 : 섬 피질 (insular cortex)
BA 17 : 일차 시각 피질 (primary visual cortex)
BA 19 : 시각 연관 피질 (visual association cortex)
BA 20, 21 : 하측두회 (inferior temporal gyrus) 중측두회 (middle temporal gyrus)
BA 22 : 상측두회 (superior temporal gyrus) 혹은 베르니케 영역
BA 23, 24, 30, 31, 32 : 대상피질의 각 부분들 (cingulate cortex)
BA 41, 42 : 일차 청각 피질 (primary auditory cortex)
BA 44, 45 : 브로카 영역
BA 46 : 후측면 전전두회 (dorsolateral prefrontal gyrus)
BA 47 : 하 전전두회 (inferior prefrontal gyrus)
BA 52 : 섬 측면 영역 (parainsula area, 측두엽과 섬 영역의 연결부분)

그림 2-5. 브로드만 영역[23]

5. 좌반구와 우반구

우리의 뇌 속에서는 모든 구조가 왜 대칭적으로 두 쪽으로 나누어진 것일까? 왜 두 개의 반구가 있는 것일까? 우리가 하나의 마음을 갖는다면 왜 두 반구를 갖고 있을까? 이러한 생각은 일찍이 프랑스 철학자 데카르트의 고민이기도 하였다. 뇌의 이중적 본성 때문에 당황했던

---

[23] http://en.wikipedia.org/wiki/Brodmann_area

그는 영혼은 하나의 완전한 단일체여야 한다고 믿었기 때문에 이중구조로 되어 있지 않은 뇌 구조를 찾으려 노력하였다. 그 결과 뇌간 뒤에 있는 아주 작은 송과선을 영혼의 장소로 지목하였으나 그 후 현미경이 나왔을 때 그것 역시 대칭적인 두 쪽이 붙어 있음이 밝혀지게 되었다.

좌반구와 우반구는 뇌 속에서 분리된 것이 아니라 뇌량에 의해 연결되어 있다. 뇌량은 좌·우반구 사이를 질서정연하게 연결하고 있는데, 한 반구의 전두엽 부분은 다른 반구의 전두엽 부분과 연결되고 후두엽 쪽의 후방은 후방끼리 유사한 지역 간에 연결되어 있다. 두 반구의 특성 중 가장 잘 알려진 것은 교차연결(대측성, contra-lateral)이다. 즉 좌측정보는 우측으로, 우측정보는 좌측으로 전달된다는 것이다. 각 반구의 기본구조는 같으나 모양이나 크기는 조금씩 다르다. 예를 들면, 외측구의 홈의 길이는 좌반구가 우반구보다 훨씬 길다. 또한 좌반구의 외측구는 수평하게 나 있고 우반구의 그것은 수직으로 나 있다. 개인적인 차이도 보이는데 예를 들면 언어구사력이 뛰어나고 능변인 사람은 측두엽의 한 부위가 좌측이 우측보다 7배 이상 크다고 한다.

보통 두 반구의 기능에 대해 말할 때에는 좌반구는 더 분석적이고 이지적인 활동을 주로 하고 우반구는 더 종합적이고 정서적인 활동을 주로 한다고 말한다. 이 절의 목적은 언어적 기능에서 두 반구의 역할에 대해서 보는 것이므로 그 부분에 초점을 두고 말한다면, 좌반구에 손상을 입은 환자는 언어의 기본적인 면에 심각한 어려움을 보이지만, 우반구에 손상을 입은 환자는 말은 유창하게 하는데 관계가 없는 엉뚱한 말이나 사회적으로 부적절한 발언을 할 뿐만 아니라 대화 중에 상대방이 하는 말의 요점을 파악하지 못한다. 이 사실을 보면 언어에서 좌반구와 우반구의 역할이 다르리라는 것을 짐작할 수 있다.

지난 한 세기 동안 좌반구와 언어의 관계에 대한 연구는 환자를 통한 연구에서 계속됐으나 우반구와 언어의 관계에 대한 연구는 20여 년에 불과하다. 우선 좌반구에는 브로카 영역과 베르니케 영역으로 알려진 부분이 있다. 브로카 영역은 주로 언어 생성의 역할을 주로 하고 베르니케 영역은 언어 이해의 역할을 주로 한다고 말한다. 그러나 그 영역들에 대한 논란은 이미 앞에서 말한 바 있다.

전통적으로 좌반구는 언어의 영역이고 우반구는 언어외적인 영역으로 알려져 왔다. 그러나 이렇게 단순한 역할 분류는 계속되는 연구를 통해 도전을 받았다. 좌반구가 언어의 생산을 주로 맡는 것은 사실이지만 언어를 보거나 듣고 이해하는 데 있어서는 우반구의 역할도 크다는 것이 후속 연구에서 밝혀지고 있다. 지금까지 밝혀진 바로 우반구는 다음과 같은 기능을 하고 있다.

1) a. 종합적이고 상황에 맞는 언어 이해
   b. 농담이나 유머, 내포적 의미, 은유의 이해
   c. 감정적 정보를 주는 운율을 감지하는 능력

이처럼 언어는 모두 좌반구에서 관장한다는 이해를 넘어서서 우반구도 언어이해에 필요하다는 것을 알 수 있다. 언어정보를 처리하면서 좌반구와 우반구는 서로 긴밀하게 협조하는 상호보완적 관계라고 할 수 있다.

§ 요약

이 장에서는 신경언어학 분야의 논문이나 책을 읽을 때 주로 만날 수 있는 용어를 중심으로 뇌의 구조를 소개하였다. 대뇌 피질과 피질하 구조에 대하여 언어와 관계된 부분을 중심으로 소개하였다. 브로카 영역과 베르니케 영역 그리고 브로드만 영역을 설명하였다. 또한, 우리의 언어 능력에서 좌반구와 우반구의 다른 역할에 대하여 기술하였다.

□ 핵심 단어 □

대뇌피질(cerebral cortex)
전두엽(frontal lobe), 측두엽(temporal lobe), 두정엽(parietal lobe), 후두엽(occipital lobe)
구(혹은 고랑, sulcus), 회(혹은 이랑, gyrus)
외측구(lateral sulcus), 중심구(central sulcus)
하전두회, 아래이마이랑(inferior frontal gyrus, IFG)
상측두회, 위관자이랑(superior temporal gyrus, STG)
브로카 영역(Broca's Area)
베르니케 영역(Wernicke's Area)
브로드만 영역(Brodmann Areas)
피질하구조(subcortex)
변연계(limbic system)
기저핵(basal ganglia)
소뇌(cerebellum)
뇌간(brain stem)

제3장 실험장비의 발달

뇌의 복잡한 기능들을 이해하는 것은 항상 어렵고도 흥미로운 일이다. 우리가 사고하거나 말하거나 배우는 등의 의도적인 작업을 할 때 뇌는 활성화된다. 뇌가 활성화된다는 것은 대뇌피질에 흐르는 혈류량의 변화를 동반하게 된다. 이 점이 바로 기능적 뇌지도(brain mapping) 연구의 근거를 제공한다. 19세기와 20세기 초까지는 뇌의 기능이 주로 임상-병리적 상관관계를 통하여 연구되었다. 그러나 이러한 연구는 제약이 따랐으며 또한 그 결과를 정상인의 행동과 언어기능에 대한 뇌의 활동에 그대로 적용할 수 없었다.

새로운 방법들과 뇌 영상 기술들이 20세기 후반에서 발달하기 시작하여 행동의 변화뿐만 아니라 언어에 대한 뇌 활동의 변화도 상당 부분 밝혀지게 되었다. 21세기에 들어서서 뇌 영상장비는 천 분의 일 미터를 단위로 하는 1세제곱밀리미터(mm^3) 만큼이나 작은 뇌 부피의 활동 변화를 천 분의 일 초를 단위로 하는 수십 밀리초(ms) 만큼의 빠른 시간적 해상도로 측정해 낼 수 있다. 이 장에서는 신경언어학 분야의 연구에서 사용되는 기술과 기기에 대하여 그들의 용도를 중심으로 소개한다.

1. EEG

EEG(Electroencephalography, 뇌파기록법)란 간단히 말하면 뇌의 전기적 활동을 기록하여 뇌에서 나오는 신호인 뇌파(brain wave)를 검사하는 것이다. 인간의 뇌파에 대한 최초의 연구는 1929년 독일의 베르거(Hans Berger 1873~1941)에 의해 시작되었고 그에 의해 EEG(electro-encephalogram, 뇌파도)라 명명되었다. 그는 정상인이 눈을 감았을 때와 눈을 뜨고 활동할 때, 그리고 정상인과 간질(epilepsy) 환자의 뇌파의 차이 등을 밝혀내었다. 그는 처음으로 사람이 눈을 감고 있을 때 나오는 뇌파를 발견하고 '알파파'(alpha wave)라는 이름을 붙이기도 하였다. 그 당시에는 주목받지 못하였으나 몇 년 후 다른 학자들의 실험에 의해 EEG가 실제 현상임이 확인되었다. 지금까지 발견된 뇌파에는 다음과 같은 것들이 있다.

표 3-1. 뇌파의 종류

뇌파의 종류	Herz(Hz): 1초에 일어나는 진동, 즉 주파수	사람의 상태
알파파 (alpha-wave)	8 ~ 13Hz	눈을 감고 있으나 깨어 있는 휴식 상태, 후두엽에서 가장 뚜렷함

베타파 (beta-wave)	14 ~ 30Hz	깨어 있거나 말할 때, 의식적 활동, 전두엽에서 가장 뚜렷함
감마파 (gamma-wave)	30 ~ 70Hz	피질과 피질하 영역들의 활동적인 정보교환. 의식적인 감각을 통합할 때. 명상가들
델타파 (delta-wave)	1 ~ 3Hz	깊은 수면상태, 갓난아기, 깨어 있을 때 관찰되면 이상현상
세타파 (theta-wave)	4 ~ 7Hz	가수면 상태. 조용한 집중. 대뇌피질 전체와 관련, 어린아이

보통 EEG는 뇌파를 기록한 것 자체를 의미하기도 하고 뇌파를 재는 기술이나 기기를 의미할 때 사용하기도 한다. 일반적으로 EEG는 두 가지 종류의 측정에 사용된다. 첫째는 뇌 손상, 간질 및 뇌 기능 장애 등을 검사하는 임상 목적에 광범위하게 사용된다. 두 번째는 어떤 특정한 자극, 예를 들어 청각, 시각, 혹은 언어를 입력하였을 때 반응하여 일어나는 EEG의 요소들인 유발전위(EP, evoked potential)와 사건관련전위(ERP, event-related potential)를 얻는 데에 사용된다. EEG를 재는 방법은 전극들을 두피 혹은 직접 피질 위에 붙여 놓고 측정한다. 그림 3-1은 간질이 발작하는 순간에 EEG로 기록된 뇌파의 모양을 보여준다.

EEG란 뇌파의 연속적 신호를 기록하는 것이므로 언어에 대한 연구를 하려면 특정신호를 특정시간에 기록하여 시간에 따른 변화를 볼 필요가 있다. 언어에 대한 연구를 하려면 뇌가 어떤 언어정보를 처리할 때 뇌에서 두드러지게 드러나는 뇌파의 형태를 얻어내야 한다.

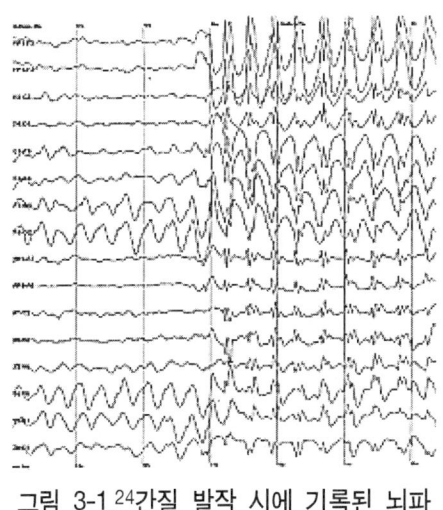
그림 3-1.[24] 간질 발작 시에 기록된 뇌파

가공되지 않은 EEG는 언어 처리를 할 때 발생하는 EP 혹은 ERP와 잡음(noise)을 함께 포함하고 있다. 그러므로 가공되지 않은 EEG 출력에서 원하는 ERP를 구분해 내기가 쉽지 않다. 이처럼 EEG 기기를 사용하여 적절한 과정을 거쳐서 나온 결과를 가지고 해석할 때 그것을 ERP 연구라고 할 수 있다.[25] 현대적 의미의 ERP 연구는 1964년 미국의 신경생리학자인 월터(Grey Walter 1910~1977)와 그의 동료들에 의해서 시작되었다. 이듬해인 1965년에는 서튼(Samuel Sutton 1921~1986)과 그 동료들이 최초로 P3라는 ERP 컴포넌트(component)를 발견하였다.[26]

---

[24] http://en.wikipedia.org/wiki/Electroencephalography
[25] ERP 연구방법에 대해서는 다음 장에서 좀 더 자세히 다룬다.
[26] P3은 세 번째 나타난 정반응(positivity)을 의미하며 300 milli-second, 즉 0.3초 전후에 뇌파가 positivity 쪽으로 파장이 나오는 것을 의미한다. 그 이후에 나온 P3에 대한 연구는 무수히 많으나 간단히 말하면 주의 집중도와 관계가 있다고 한다.

ERP는 시간해상도(temporal resolution)가 높으므로 뇌에서 반응이 일어나는 시간에 대하여 잘 알 수 있다는 장점을 가지고 있다. 천 분의 일 초를 기준으로 뇌의 한 부분이 자극에 반응하는 시간대의 뇌파를 명확하게 알 수 있지만, 두피에 꽂은 전극으로부터 나오는 뇌파를 보는 것이기 때문에 대뇌피질에서 일어나는 반응에 대해서만 알 수 있을 뿐 대뇌피질 아래에서 일어난 것을 잡기는 어렵다. 그뿐만 아니라 뇌 속의 어디에서 그리고 어떤 경로를 거쳐서 왔는지를 알기 어렵다. 그러나 계속적인 기술개발에 의해 공간 해상도도 많이 개선되고 있으며 높은 공간해상도를 지닌 다른 영상기술과 결합하면 더욱 귀중한 정보를 얻을 수 있다.

다음 그림은 EEG 기기의 사진이다.

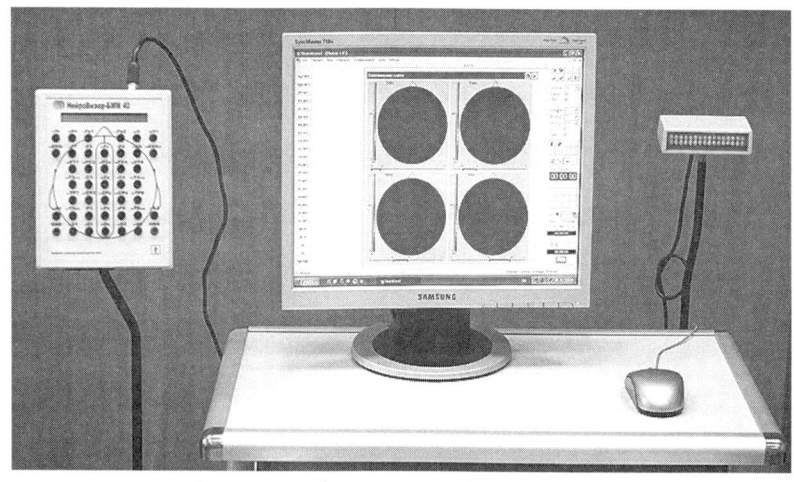

그림 3-2. EEG 기기[27]

---

[27] http://en.wikipedia.org/wiki/File:Electroencephalograph_Neurovisor-BMM_40_(close_view).jpg

2. fMRI

기능 자기공명영상술(functional Magnetic Resonance Imaging)은 뇌가 다양한 활동을 하는 중에 뇌의 어떤 부분이 활성화되었는지를 알아보는 방법이다. 이 기기는 두뇌의 사진을 찍지만 찍혀 나오는 것은 해부학적 구조에 대한 정보가 아니라 뇌의 신진대사 활동의 정도에 대한 기능적 영상이다.

fMRI의 원리는 뇌에서 신경세포의 활동이 일어나면 그 결과로 생기는 혈류 내에 산소량의 변화가 생긴다는 것에 기인한다. 여기에 근거한 혈중 산소수준 의존성(BOLD, Blood Oxygenation Level Dependent)이 뇌 활성화를 평가하는 데 가장 많이 사용되는 방법이다. 두뇌의 특정영역이 활동하게 되면 초기에는 주변의 산소를 사용하여 다른 영역에 비해 산소량이 떨어지지만 2~4초 후에 일시적으로 혈당과 산소공급이 일어나므로 그 부분의 혈류가 증가하게 된다. 일시적으로 공급되는 산소는 필요한 양보다 많이 공급되는데 이때 생긴 산소와 결합한 헤모글로빈과 산소가 적어진 헤모글로빈의 농도차이에 의한 신호를 기저상태(base line)와 비교함으로써 뇌의 어느 영역에서 활동이 일어나고 있는지를 2차원 혹은 3차원의 영상으로 재구성하여 보여주게 된다.

이 기기의 장점은 크게 두 가지로 볼 수 있다. 첫째, 컴퓨터 단층촬영법(computed tomography, CT)이나 PET와 비교해서 피험자의 몸에 방사성 약물이나 기구를 넣지 않으므로 침습성(invasiveness)이 거의 없다는 점이다. 이 기술은 수소분자의 자기적 속성을 이용하여 높은 자장

속에서 원자핵을 공명시킨 뒤에 그 원자핵이 발생하는 신호를 성능이 좋은 안테나로 모아서 컴퓨터로 영상화하는 것이다. 둘째, 공간 해상도(spatial resolution)가 높으므로 천 분의 일 초인 1 millisecond(ms) 단위로 두뇌 활동이 일어나는 영역을 명확하게 표시한다. 발생하는 신호는 원자핵이 놓인 자장의 세기가 클수록 커지는데 현재 병원에서 임상용으로 사용하는 MRI는 주로 1.5 Tesla이며 최근에는 3.0 Tesla를 사용하기도 한다.[28] 따라서 공간적 해상도가 높으며, EEG와 달리 대뇌 피질 아래에 있는(subcortical) 부분의 활동까지 알 수 있게 된다.

한편, 이 기기의 단점은 시간적인 차이를 알기 어렵다는 것이다. 가장 바람직한 연구 방법으로서 EEG와 상호보완적으로 사용하면 두뇌 활동 영역의 변화와 경로를 잘 알 수 있다. 또한 매우 고가의 기재이므로 병원이나 의과대학과 같은 외부의 도움 없이는 실험하기가 어렵다는 현실적 단점이 있다.

다음 그림은 MRI의 사진이다.

---

[28] tesla는 자장의 세기를 측정하는 단위로서 미국의 물리학자이자 전기공학자인 Nicola Tesla(1856~1943)의 이름을 딴 것이다. 1 tesla는 10,000 gauss(G)이다. gauss는 자장의 기본단위이며 이것 또한 '수학의 왕'이라 불리는 독일의 천재 수학자인 Karl Friedrich Gauss(1777~1855)의 이름을 딴 것이다.

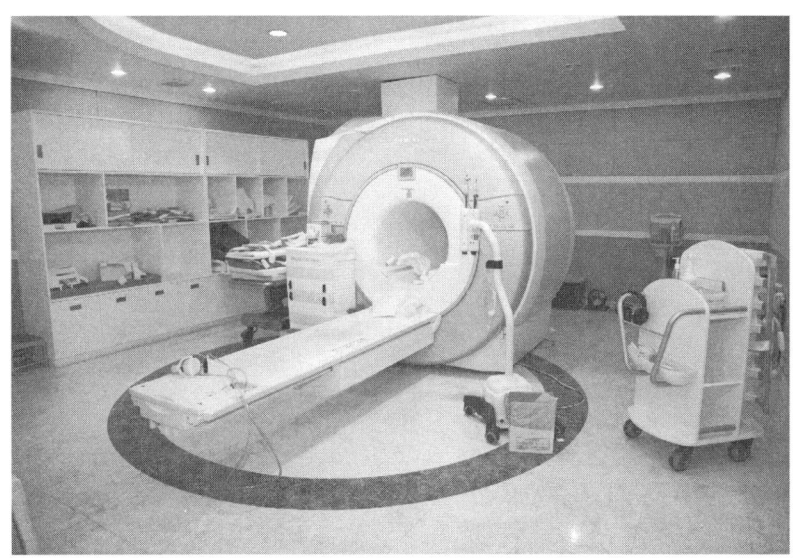

그림 3-3. MRI 사진[29]

3. PET

PET(Positron Emission Tomography, 양전자방출 단층촬영법)는 MRI나 fMRI보다 먼저 개발되어 대사적 뇌 활성도의 측정에 사용되었다. 그 원리는 두뇌의 특정부분이 활동을 많이 할수록 포도당(glucose)을 많이 사용한다는 점에 기인한다. 여기에 근거하여 단층촬영을 하는 것이다. 그러나 고가의 방사능 추적물질을 피험자의 혈관에 주입하고 실험을 해야 하는 부담이 있다. 방사선을 쐬어야 하는 CT보다는 나은

---

[29] 서울대학교병원 제공

방법이기는 하지만 비의학적 조사를 위한 연구 분야에서는 MRI나 fMRI보다 덜 사용된다. 또한 fMRI보다 조금 덜 선명한 영상이 나오므로 현재 언어연구에서는 많이 사용하지는 않는다.

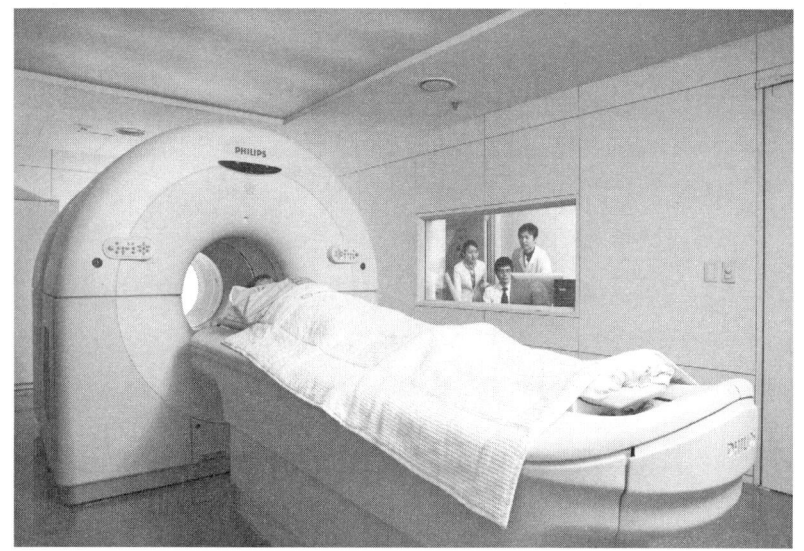

그림 3-4. PET[30]

4. MEG

MEG(Magnetoencephalography, 자기뇌기록법)의 원리는 전선에 전류가 흐를 때 자기장을 형성한다는 것에 기인한다. 뇌를 자극할 때 나

---

[30] 서울대학교병원 강남센터 제공

오는 전류는 작은 자기장을 형성하지만 검출할 정도가 되지는 못한다. 그러나 수만 개의 활동적인 뉴런으로부터 나오는 자기장이 합쳐지면 측정할 수 있는 수준이 된다는 것을 이용한 것이다. MEG는 특히 피질의 구(고랑)와 회(이랑)로 이루어지는 주름진 부분의 자기장을 잘 검출할 수 있는데, 그 부분의 뉴런에서 일어나는 자기 변화를 측정하고 나서 그 결과를 자기출처영상(MSI, Magnetic Source Imaging)이라는 처리 과정을 사용하여 뇌의 구조적 영상 위에 덮어 놓는다. 그러므로 시간적 해상도와 공간적 해상도가 모두 뛰어나다.

작동하는 뇌로부터 나오는 자기신호는 극도로 작으므로 매우 정교한 고가장비인 초전도 양자교환장치(SQUID, Superconducting Quantum Interference Device)를 사용하고 지구의 자기장과 같은 외부자기신호로부터 차단되어야 하므로 적절히 차폐된 공간에서 사용된다. MEG의 임상적 이용은 간질환자의 간질 활동의 위치추적과 뇌종양환자의 외과수술을 위해 병소의 위치를 찾는데 사용된다.

MEG는 가장 최근에 상용화되었고 EEG, PET, fMRI의 장점들을 합친 역할을 하는 기기이다. 피험자에게 주는 장점은 MRI와 달리 아주 조용하면서도 침습성이 없다는 점이다. 그뿐만 아니라 EEG보다 더 미세한 시간적인 차이를 보여줄 수 있으며 동시에 그것을 영상화해 주므로 인지 신경과학의 실험에 매우 바람직한 기재로 알려졌다. 그러나 EEG는 보통 수직적으로 근원지를 나타내지만 MEG는 사선으로 그 근원지를 나타내므로 뇌의 활성화되는 부분이 깊은 내부에 있을 때는 그 근원지의 정확도가 떨어지는 단점이 있다.

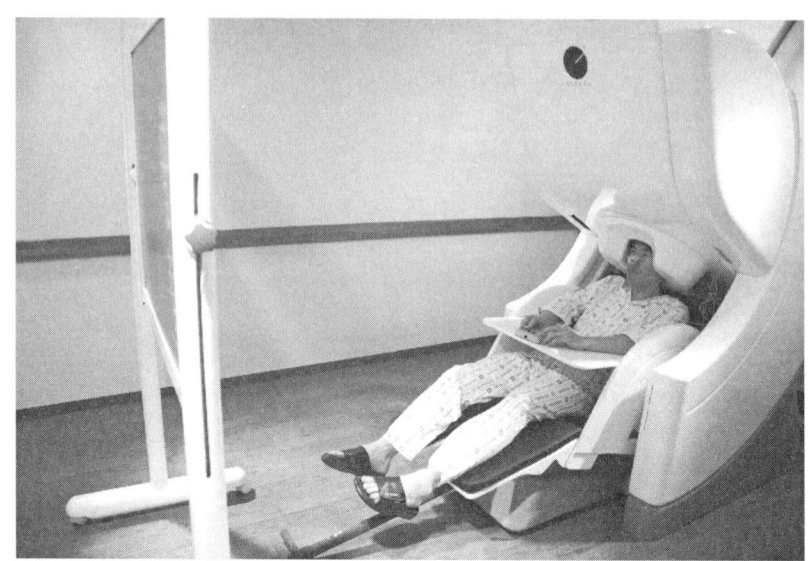

그림 3-5. MEG[31]

5. 기타 방법과 기기

(1) 경두개 자기자극(TMS)

TMS(Transcranial Magnetic Stimulation)는 순간적인 자기 펄스(magnetic pulse)를 두피 위에서 발생시킴으로써 피질의 어느 부분을 억제하거나 촉진시킬 수 있다. 펄스를 한 번만 줄 수도 있으나 반복적으로 주는 방법(rTMS, repetitive TMS)이 많이 사용된다. 임상적으로는 우울증이나 정신질환에 부분적인 치료방법으로 사용된다.

---

[31] 서울대학교병원 제공

TMS는 특정한 뇌 영역들이 복잡한 인지 과정에 관여하는 원인관계를 검사할 수 있으므로 최근에 와서 언어의 인지적 활동을 연구하는데 사용되며, 일반적으로 안전한 것으로 알려졌다. 가장 많이 사용되는 기기는 동그란 CD 두 개를 엇갈려 붙여놓은 것 같은 부채 모양이나 나비 모양으로 생긴 것으로 다음 그림에서 볼 수 있다.

그림 3-6. TMS[32]

(2) 눈동자 추적 장치

눈동자 추적 장치(Eye Tracker)는 눈동자의 위치와 움직임을 파악하는 기기이다. 이것은 심리학 연구나 언어 연구에 사용될 뿐만 아니라 시각 체계나 산업 디자인 등의 분야에서도 광범위하게 사용된다.

---

[32] http://en.wikipedia.org/wiki/File:TMS_Butterfly_Coil_HEAD_.png

다음 그림은 이 기기를 착용한 후 실험하고 있는 장면을 보여준다.

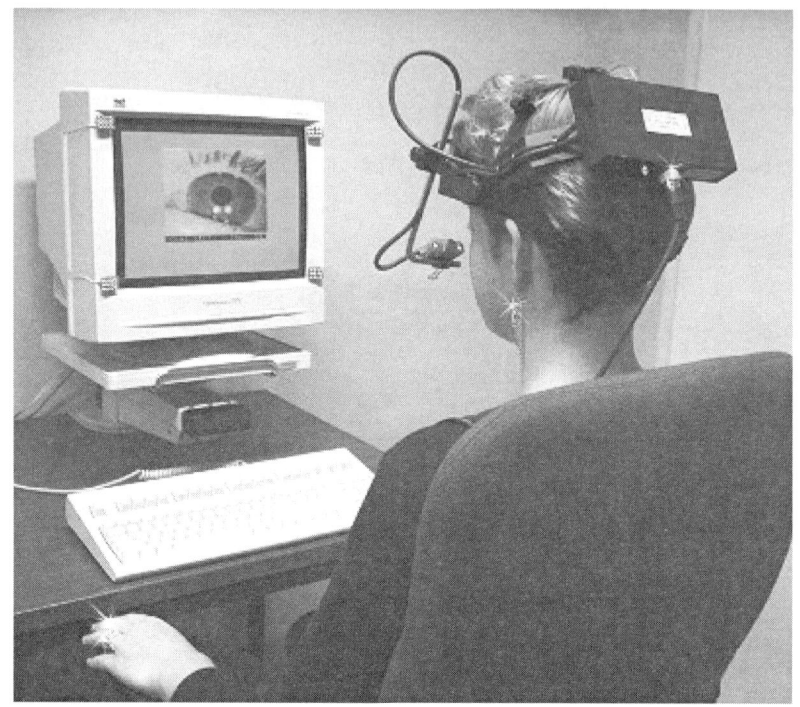

그림 3-7[33].

(3) 단일광자방출 컴퓨터 단층촬영(SPECT)

SPECT(Single Photon Emission Computerized Tomography)는 방사능 물질로부터 나오는 감마선을 검출하는 단층촬영방법으로 3차원적인 뇌혈류 영상을 얻을 수 있다. SPECT는 회전식 감마카메라로 알려진

---

[33] http://www.google.com/imgres?imgurl=http://www.mpi.nl/world/images/femke_s.jpg

형태인데 방사성 동위원소 약물을 투입하고 촬영해야 하며 PET보다 더 해상도가 떨어진다. 뇌와 언어와의 관계에 대한 연구에는 많이 사용되지 않지만 혈류의 촬영과 뇌혈관 질환의 진단에는 많이 사용된다.

§ 요약

이 장에서는 신경언어학 연구에 사용되는 방법과 그 방법을 사용할 수 있는 기기를 소개하였다. 유발전위(EP)나 사건관련전위(ERP)를 얻을 수 있는 EEG와 뇌에서 활성화되는 영역을 고도의 영상기술로 보여주는 fMRI와 PET에 관하여 개관하였으며 가장 이상적인 기기로서 MEG를 소개하였다. 또한 자주 사용되지는 않으나 논문에서 언급되는 TMS와 눈동자 추적기, SPECT를 아주 간단하게 보았다. 요약하여 이 기재들을 비교해 보면 다음과 같다.

기기	시간해상도 (temporal resolution)	공간해상도 (spatial resolution)	침습성 (invasiveness)	가격(cost)
EEG	매우 좋음	좋지 않음	매우 좋음	보통
PET	좋지 않음	좋음	좋지 않음	높음
fMRI	좋지 않음	매우 좋음	매우 좋음	매우 높음
MEG	매우 좋음	매우 좋음	매우 좋음	가장 높음

□ 핵심 단어 □

뇌파기록법(EEG)
기능 자기공명영상술(fMRI)
양전자방출 단층촬영법(PET)
자기뇌기록법(MEG)
반복적 경두개자기자극법(rTMS)
눈동자 추적기(eye tracker)
단일광자방출 컴퓨터단층촬영(SPECT)

제4장 신경언어학 연구를 위한 실험의 기초

신경언어학 연구를 위한 실험에는 앞 장에서 다룬 기기들을 사용하는 다양한 실험 방법이 있다. 그중에서도 가장 많이 사용되는 방법이 ERP 실험이고 그다음으로 fMRI 실험을 들 수 있다. 이러한 실험에는 1차적인 실험으로서 행동반응 실험을 하는 경우가 대부분이다. 이 장에서는 행동반응실험, ERP실험, fMRI 실험, 기타 실험에 대하여 기초적인 것만을 다루고자 한다. 그중에서 ERP 연구는 조금 더 상세하게 다룬다.

1. 행동반응 실험

행동반응실험(behavioral experiment)은 모든 분야의 실험연구에서 가장 광범위하게 사용되는 방법이다. 이 실험만으로도 충분히 연구의 결과를 낼 수 있다. 그러나 신경언어학 연구에서는 ERP 실험이나

fMRI로 실험할 때 행동반응실험을 병행하여 실시하는 경우가 대부분이다. 이러한 행동반응 실험을 통하여 나온 결과가 그 다음에 진행하는 실험의 기반이 되는 경우가 많다. 흔히 이 실험을 통하여 측정하는 내용에 대하여 몇 가지 예를 들면 다음과 같다.

첫째, 어떤 자극에 반응하는 시간을 측정한다. 예를 들어 빈도수가 높은 단어와 빈도수가 낮은 단어를 각각 주고 그것에 반응하는 시간이 어떻게 다른가를 알고자 할 때, 혹은 문장 구조의 복잡성에 따라 반응 시간이 어떻게 다른지 등을 알고자 할 때 뇌의 내부적인 처리과정을 알아보기 전에 먼저 외부에 나타나는 행동 반응을 측정하는 경우이다.

둘째, 피험자가 어떤 자극에 대하여 어느 정도의 오류를 범하는지를 알아야 할 때 사용한다. 모국어 사용자라고 해도 자신의 모국어에 대한 반응에서 오류를 범하지 않는 피험자는 매우 드물다. 그러나 어떤 한도를 넘으면 그 피험자를 그 다음 단계의 실험에서 제외하거나 혹은 그 결과를 통계에 넣지 않는다. 이것은 최종 연구 결과에 영향을 끼치게 되기 때문이다.

셋째, 피험자에게 어떤 판단을 요구하는 과제에 사용된다. 예를 들어, 문장을 보거나 들을 때 문법이 맞는지 틀리는지, 혹은 어떤 단어가 그 문맥에 맞는지 맞지 않는지 등의 판단이 필요한 경우 행동반응 실험을 통하여 기본 자료를 마련하게 된다. 혹은 어떤 언어의 숙달도 (proficiency)를 측정하기 위하여 거기에 적합한 테스트를 주고 그 결과에 따라 High, Intermediate, Low로 분류할 때에도 사용된다.

이처럼 행동반응실험을 통해 얻은 결과는 그 다음 단계의 ERP 실험이나 fMRI 실험을 위한 예상(predictions)이나 가설이 된다. 그리고 실험 후에 나온 결과와 비교하게 된다. 비교를 통하여 서로 결과가 합치되지 않으면 실험자는 다른 이유를 찾거나 최종 결론을 유보하게 된다. 그러나 합치되면 최종 실험 결과를 보완하거나 지지하는 자료로 사용된다. 또한 ERP 실험이나 fMRI 실험에서 나온 결과는 행동반응실험의 결과를 더욱 세부적으로 해석할 수 있는 근거가 되기도 하고 혹은 다른 해석을 하는 근거가 되기도 한다.

2. ERP 실험

(1) ERP란 무엇인가?

ERP(사건관련전위, Event-Related Potentials)는 초기에는 EP(유발전위, Evoked Potentials)라고 불리기도 하였다. 왜냐하면 원래의 뇌파와는 달리 어떤 자극(사건)에 의해서 촉발된 전위이기 때문이다. 그러면 전위(electrical potentials)란 무엇인가? 전위는 보통 볼트(volt)라는 단위로 나타내는데 시간에 따라 변화하지 않는 전기장(electric field)을 가정하고 그 안에서 단위전하(electric charge)가 가지는 위치에너지이다. 그런데 위치에너지란 두 지점의 위치 간의 에너지 값의 차이를 말하는데 전위 또한 그렇다. 다시 말하면, 우리 두뇌의 특정지점 전위에 대해서 이야기하는 것은 아무 의미가 없고 어떤 지점에 비교해서 상대적으로 전위가 어떤지를 말해야 한다. 보통 두피에서 가장 먼 지점으로 귀 주위의 한 지점을 택하여 그 차이를 측정한 전위를 사용한다.

EP라는 용어 대신에 ERP라는 용어를 사용한 이유는 무엇일까? 사실 두뇌에서 일어나는 처리 과정은 대부분 자극과는 무관한 자발적인 운동이므로 EP를 감각운동 처리 과정에 관계되는 모든 뇌파 현상에 사용하기는 어려웠다. 그래서 ERP란 용어가 1969년 Herb Vaughan에 의해서 제안되었다. 어떤 구별할 수 있는 사건의 전위와 가장 안정된 전위와의 관계를 나타낸다는 의미가 된다. 그러나 지금도 EP는 유발반응(ER, Evoked Response)의 의미와 같은 것으로 간주하고 VEP(시각유발전위, visual EP) 등에 사용하기도 한다.

일반적으로 ERP는 두뇌 안에서 많은 신경세포, 즉 뉴런들의 활동을 멀리서 측정하는 셈이 된다. 신호의 근원과 두피 사이에 있는 조직이 전기를 전달하는 전도체(conductor)의 역할을 하므로 많은 수의 뉴런이 통합된 활동을 할 때에만 두피에서 측정할 수 있다. 이러한 통합이 가능해지려면 많은 뉴런이 동시에 활성화되어야 하고 각 뉴런에 의해 생성된 전기장은 두피에 그 효과가 축적될 수 있을 만큼 비슷하게 배열되어 한 방향을 향해야 한다. 우리의 뇌에서 나오는 뇌파는 매우 다양하므로 특정한 자극에 대한 뇌파 반응들만을 수집하는 것은 쉬운 일이 아니다. 따라서 적절한 시설과 EEG 기기, 그리고 몇 가지 소프트웨어 등이 갖추어져야 한다.

(2) ERP 실험을 위한 준비

언어를 뇌에서 어떻게 처리하는지에 대한 실험에서 현재로는 ERP

실험이 가장 많이 사용되고 있다. ERP가 발생하는 장소에 대한 불확실성이라는 제한이 있음에도 ERP 실험에는 장점이 있기 때문인데, 그 장점은 두 가지로 나눌 수 있다.

첫째, L1이나 L2에 대한 ERP 실험은 겉으로 드러난 반응이 없어도 언어처리에 대한 뇌의 뉴런들의 활성화 정도와 시간에 대하여 중요한 정보를 제공한다. 둘째, 모국어 화자와 제2언어 학습자의 차이에 대하여 질적·양적 차이를 잘 보여준다. 질적 차이는 특정한 ERP 컴포넌트가 발생하는지 발생하지 않는지에 따라서 보여줄 수 있고, 양적 차이는 ERP 컴포넌트의 세기를 나타내는 진폭이나 발생시간대의 차이로 보여줄 수 있다. 따라서 행동반응 실험으로는 잡을 수 없는 미묘하고도 복잡한 차이점을 파악할 수 있게 된다.

이제 ERP 실험 과정을 간단히 보기로 하자. 먼저 실험실이 준비되어야 한다. 실험실은 두 부분으로 나누어지는데 피험자가 들어갈 방과 실험자가 사용할 방이다. 먼저 피험자가 과제를 수행하는 방은 외부로부터 오는 소음을 막을 수 있는 방음시설을 하는 것이 기본이다. 외부로부터 오는 전기적 잡음까지 차단할 수 있는 차폐실(shielded chamber)이 있다면 더욱 바람직하다. 그 방에는 실험 참여자가 앉을 의자와 반응기기(response box 예: computer video game controller), 비디오 모니터, 그리고 증폭 시스템(amplification system)[34]이 놓인다.

---

[34] 증폭시스템에는 증폭기(amplifier)와 함께 전극을 확장기에 연결하는 head box, 교류회로에서 전압과 전류의 비를 재는 impedance meter와 정사각형 모양의 파장을 제공하는 calibrator가 포함되어 있다.

방음실의 바깥에는 실험자가 사용할 공간이 있고 거기에는 서너 대의 컴퓨터가 필요하다. 두 방에는 인터콤이 설치되어 실험 중에 실험자와 피험자 간에 필요한 의사소통을 한다.

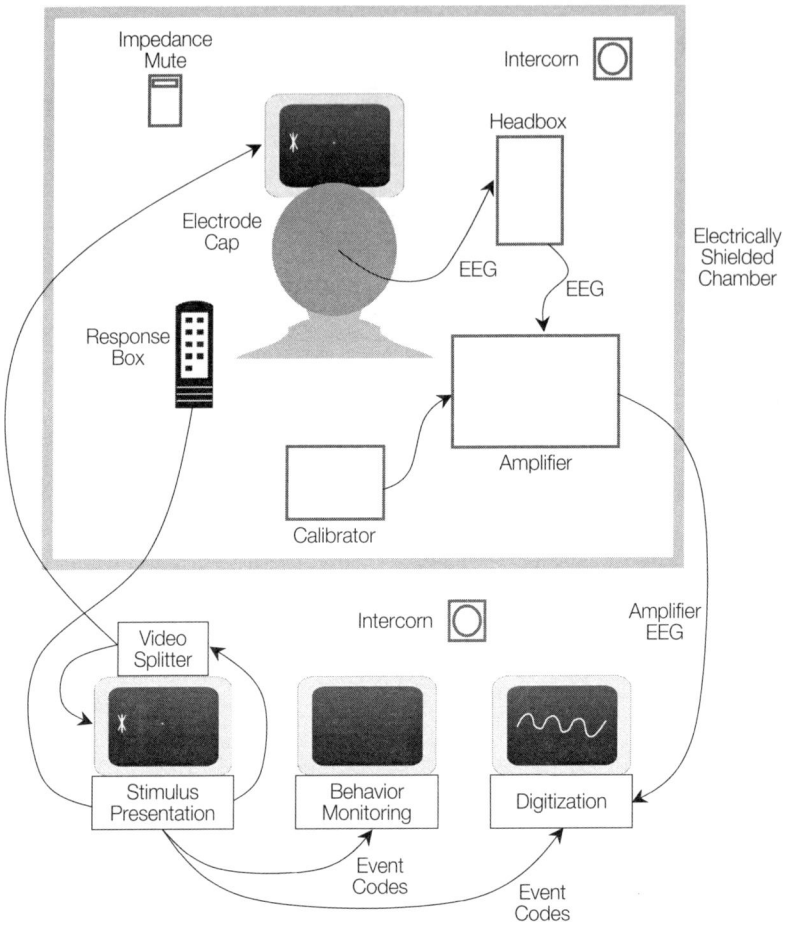

그림 4-1. ERP 실험실의 구조(Luck, 2005:304)

컴퓨터들은 자극을 제시하고 뇌파를 기록하는 데 필요하다. 여기에는 디지털화와 자료 분석을 위한 소프트웨어가 탑재되어 있어야 한다. 또한 피험자가 수행하고 있는 과제에 대한 실시간 정보를 제공하는 컴퓨터가 따로 있는 것이 바람직하다. 이 컴퓨터들은 실시간으로 서로 소통하는 방법으로 연결되어야 하는데 자극이나 반응 등의 사건들이 일어날 때마다 그것을 증폭(amplifying)하고 평균화(averaging)하여 ERP가 나오는 컴퓨터로 보내야 하기 때문이다.

이러한 기재들이 준비된 후에는 연구 조건에 맞고 실험의 참여에 동의한 피험자와 실험목적에 맞게 디자인된 자극을 제시하는 자료가 필요하다. 피험자는 두피에 적절한 숫자의 전극(electrode)을 표준화된 위치에 젤(gel)을 사용하여 붙이고 방음실에 들어간다. 최근에는 전극이 미리 붙여져 있는 모자와 같은 것을 사용하며 전극의 수는 16개에서 64개까지 있으나 신경언어학 연구에는 32개 전극을 가진 모자가 적절하다고 알려졌다. 모자의 크기도 피험자의 두상의 크기와 모양에 따라 문제가 될 수 있으므로 다양한 크기의 전극 모자(electrode cap)를 사용하는 것이 바람직하다. 특히 어린아이들을 피험자로 할 때는 소아용 모자를 준비해야 한다. ERP는 두 전극 사이의 전위의 차이를 재는 것이므로 비교하는 기준이 되는 지점으로서 귓불(earlobes)이나 귀 뒤에 있는 물렁뼈 부분(mastoid)에 상대적 영점을 나타내는 비교 전극(reference)을 두고 그 전극의 전위와 두피에 있는 활동적인 전극의 전위의 차이를 재는 것이다.

다음 그림은 1950년대 후반에 국제적으로 공인된 전극의 위치를 나타내는 10/20 system과 피험자가 전극 모자를 착용한 모습이다.

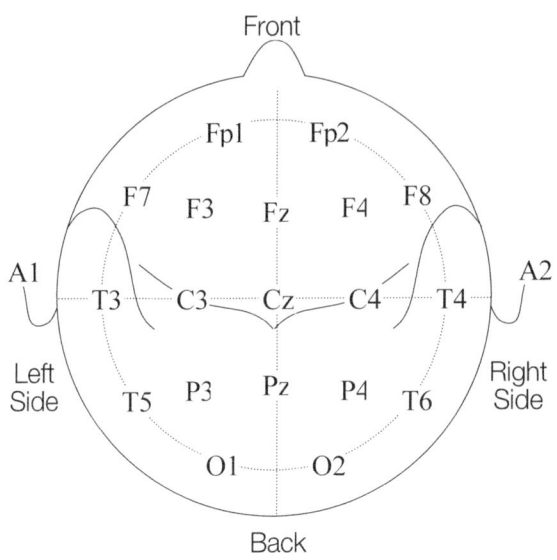

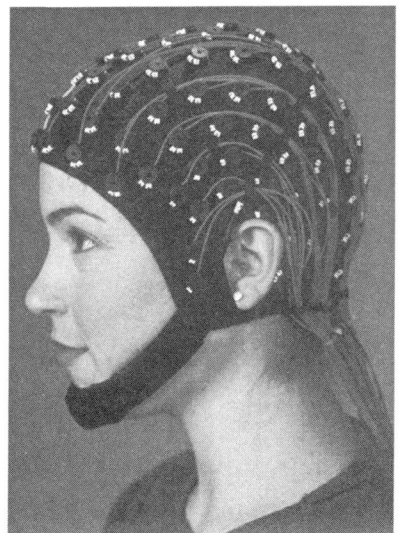

그림 4-2[35].

피험자에게 전극 모자를 씌운 후 비디오 모니터와 너무 가깝지 않은 곳에 표시해 둔 장소에 편안한 자세로 앉을 수 있는 의자에 앉게 한다. 보통 한 사람의 피험자가 실험을 마치는 데에는 한 시간 이상이 소요되는 경우가 많으므로 피험자가 초조하거나 지루해하거나 졸지 않고 실험과제를 끝마칠 수 있도록 배려해야 한다. 실험에서는 보통 한두 개의 단어나 문장이 한 개의 자극이 되는데 대부분은 100개 이상의 자극이 주어진다. 피험자는 앞에 놓인 모니터를 통해 연구의 목적에 따라 적절히 준비된 자료의 순서에 따라 청각적 혹은 시각적인 자극과 지시를 받아 과제를 수행하게 된다. 그러면 피험자의 두피의 전극을 통해 나온 뇌파가 기록된다.

이 뇌파는 가공되지 않은 뇌파로서 너무나 미세하다. 그러므로 증폭기를 거치면서 필터링이 되고 보통 2만 배정도로 증폭된 후에 디지털 형태로 또 다른 컴퓨터에 저장된다. 이렇게 하나의 자극이 주어질 때마다 자극 제시용 컴퓨터는 표식이 된 코드(marker code)를 디지털용 컴퓨터에 보내고 그것은 뇌파자료와 함께 저장된다.

다음 그림의 B를 보면, 한 피험자의 두정엽 중앙에 있는 하나의 전극인 Pz에서 9초 동안 나온 뇌파가 확장기를 거친 후에 나온 디지털 형태와 주어진 자극에 따라 나타난 표식 코드를 보여준다.

---

[35] http://www.google.com/imgres?imgurl=http://www.brainmaster.com
http://www.google.com/imgres?imgurl=http://ese.wustl.edu/~nehorai/research/eegmeg/EMEG-Overview_files/eeg2.jpg&imgrefurl=http://biosensors.synthasite.com

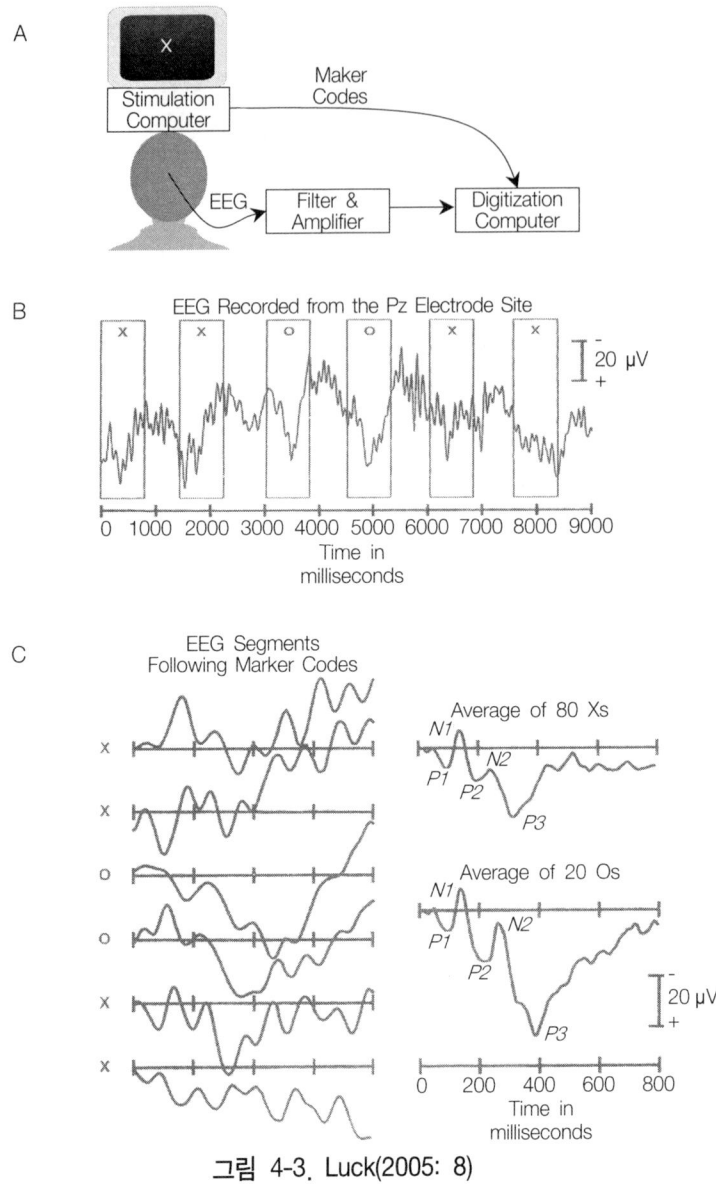

그림 4-3. Luck(2005: 8)

위 그림을 보면 X라는 자극과 O라는 자극이 주어졌는데 각 자극마다 어떤 일정한 패턴이 보이는 것 같지만 정확하게 말하기는 어렵다. 그러므로 이 뇌파 신호들을 평균화하여 나타내면 C의 왼쪽 그림과 같이 나온다. 평균화를 거친 뇌파를 보면 각 전극에서 처음 나온 뇌파보다 훨씬 부드러운 곡선을 가지고 있음을 볼 수 있다. 위 그림 C의 오른쪽 그림은 주어진 모든 X와 O의 자료를 다시 평균화한 것이다. 이것이 바로 이 실험에서 Pz에 나타난 ERP라고 부를 수 있다. ERP를 보면 우선 상승과 하강이 번갈아서 일어나는(bi-phasic) 형태의 곡선이라는 것을 알 수 있다. 그리고 그 곡선들이 계속되는 파형을 이루고 있다.

이렇게 모든 피험자의 각 전극에서 나온 뇌파는 분석을 위한 소프트웨어를36 사용하여 평균화의 과정을 거친다. 여기에서 평균화의 문제는 매우 까다롭고도 중요한 문제이다. 뇌파에는 신호(signal)와 함께 불필요한 잡음(noise)이 섞여 있으므로 이것을 걸러내는 작업이 필요하다. 또한 신호에도 피험자의 내적 변이가 들어 있고 피험자들 사이의 변이도 들어 있으므로 이런 요소들을 평균화해야 연구 목적에 최대한 근접한 자료를 뽑을 수 있게 된다. 평균화의 원리는 다음과 같은 가정에 근거한다. 신호는 비슷한 형태인 경우가 많으므로 계속 더하면 그것이 극대화되고, 잡음은 들쭉날쭉한 경우가 많으므로 그것을 계속 더하면 제로가 될 것이라는 가정이다. 그러나 이렇게 단순하지 않은

---

36 뇌파분석소프트웨어는 EEG 기기를 사면 함께 제공되는 것이 보통이다. 매틀랩에서 운용되는 EEGLAB toolbox는 EEG data를 모두 분석할 수 있는 프로그램이다. toolbox라는 용어가 붙어 있으면 보통 무료로 다운받아 사용할 수 있다.

경우도 종종 있으므로 평균화를 여러 차례 한다고 해서 꼭 좋은 결과를 얻는 것은 아니다. 실험자는 이러한 과정들을 거쳐서 얻어진 ERP를 가지고 적절한 통계 처리를 거친 후에 유효하다고 판단하면 그것을 실험 결과로 받아들이고 해석하게 된다.

    ERP 실험은 두피에서 나오는 뇌파를 측정하는 것이므로 fMRI와 달리 뇌의 깊이에 따른 영역을 직접 촬영하거나 측정하지 못한다. 뇌파 분석 프로그램만으로는 대략 측두엽, 전두엽 정도만 알 수 있다. 그러므로 그 뇌파가 나온 두뇌 영역을 좀 더 정확하게 알려면 매우 복잡한 수학적 프로그램을 가진 소프트웨어를[37] 사용한다.

    Luck(2005)은 어떤 기기나 분석도구보다 더 중요한 것은 좋은 일차 자료를 얻는 것이라고 말한다. 피험자의 안구와 눈꺼풀의 움직임, 머리와 목 근육의 긴장, 심장에서 생기는 전기적 활동 등과 같이 뇌에서 일어나지 않지만 뇌파에 영향을 줄 수 있는 여러 가지 인위적 요소들(artifacts)을 가능한 한 최소화하여 처음부터 깨끗한 자료(clean data)를 얻는 것이 가장 중요한 일이다.

(3) ERP 컴포넌트의 속성과 종류

    ERP 컴포넌트(ERP component)란 기능적으로 관련된 ERP의 파형(wave form)이다. 그러면 ERP 컴포넌트의 속성은 무엇인가? 첫째,

---

[37] 영역확인에 필요한 소프트웨어에는 고가의 BESA, Curry등이 있고 LORETA toolbox가 있다.

ERP 컴포넌트는 극성(polarity)이 있다. P1 혹은 N1과 같은 이름이 주어지는데 이것은 곡선 파장에 나타나는 극과 위치를 나타낸다. 극성이 P(positivity, 정반응)라 함은 그래프에 +(plus)로 표시되는 쪽으로 가서 최고점(peak)을 이루는 것을 의미하는데 대부분은 기본선의 아래쪽을 가리킨다. 따라서 P1이라 함은 정반응 쪽으로 첫 번째 최고점을 이루는 곡선을 가리킨다. 반면에, 극성이 N(negativity, 부반응)이라 함은 그래프에 −(minus)로 표시된 쪽으로 가서 최고점을 이루는 것인데 그래프 상에서 보통 기본선의 위쪽을 가리킨다.[38] 따라서 N1이라 함은 부반응 쪽으로 첫 번째 최고점을 이루는 곡선을 가리킨다. 여기에서 정반응, 부반응이라 함은 뇌의 활동이 활발하게 혹은 위축되어 일어난다는 의미는 전혀 없고 다만 뇌파 곡선의 방향을 가리키는 것에 불과하다. 그리고 기본선에서부터 곡선 파장의 최고점까지 이르는 시간을 잠재기(latency)라고 부르며 이 잠재기의 길이에 따라 곡선의 모양이 완만하거나 가파른 모양이 된다.

둘째, ERP 컴포넌트는 나타나는 순서 대신에 시간을 표시하는 예도 많다. 예를 들어 P600이라 함은 자극이 시작된 후 600ms 후에 나타나는 정반응을 의미한다. 또한 그것을 생성한 신경구조물에 따라 표시된다. 예를 들어 frontal P300이라 함은 두피의 앞부분에서 자극이 시작된 후 약 300ms 후, 즉 0.3초 후에 나타난 정반응을 말한다.

ERP 컴포넌트에는 시각, 청각과 같은 감각에 대한 반응과 언어에

---

[38] 연구자에 따라 반대로 사용하는 경우도 있으므로 그래프에 나타나 있는 + 혹은 − 표시를 확인하는 것이 바람직하다.

관련된 반응에 대한 것들이 있다. 간단하게 소개하면 다음과 같다.

1) 시각적 자극에 나타나는 컴포넌트

 (1) C1 : 무엇인가를 볼 때 40~60ms 후에 나타나서 80~100ms에 정점을 이루며 머리 뒤쪽에 있는 전극에서 가장 강하게 나타난다. 극성이 때에 따라 P 혹은 N으로 나타나기 때문에 C라고 부른다. 대조적인 시각적 자극에 예민하다.
 (2) P1 : C1이 나타난 다음에 나오는 첫 번째 정반응으로 시각적 자극이 시작한 후 60~90ms에서 나타나며 100~130ms에서 정점을 이룬다. 장소의 방향성에 예민하며 피험자의 고조된 감정 상태에도 나타난다.
 (3) N1 : P1 후에 나타나며 여기에는 몇 가지 하부구성요소가 들어있다. 자극 후 100~150ms에서 가장 먼저 나타나는 N1은 앞쪽의 전극에서 나오고 뒤쪽 전극에서는 150~200ms 사이에 적어도 2개 이상의 N1이 나타난다. 장소에 대한 주의(spatial attention)가 이 컴포넌트에 영향을 주며 무엇인가를 구별하는 일을 할 때 나타난다.
 (4) P2 : N1이 나온 다음에 앞쪽과 중앙부분의 전극에서 나타난다. P3과 비슷하나 P2는 매우 단순한 특징에 의해 자극이 구별될 때 나타난다.

2) 청각적 자극에 나타나는 컴포넌트

 (1) N1 : 시각적 자극에 나타나는 N1처럼 몇 가지 하부구성요소가 있다. 자극 후 75ms에서 측두엽에 나타나는 것, 100ms에 최고점을 이루는 것, 그리고 150ms에 측두엽의 STG에 나타나는 것이 있

다. 이 N1은 주의집중에 예민하다.

(2) MMN(Mismatch Negativity) : MMN은 같은 청각적 자극이 반복되다가 다른 소리가 들릴 때 나타나는 것으로서 160~220ms 사이에서 최고점을 이룬다. 입력되는 자극을 직전에 나온 자극과 비교하면서 거의 자동적으로 생기는 것으로 알려졌다.

3) 언어와 관련된 컴포넌트

언어적 자극에 나타나는 ERP는 시각적 자극이나 청각적 자극보다 조금 늦게 나타난다. 각 컴포넌트의 특성은 성인 모국어 화자들을 피험자로 한 연구 결과에서 나온 것이다.

(1) P300 : P3이라고도 부르며 가장 먼저 발견된 ERP의 컴포넌트이기도 하다. 자극이 계속 주어지다가 갑자기 다른 것이 주어지면 300ms 전후에 후두엽 쪽에서 나타나는 정반응이다. 예상치 않은 새로운 자극이 주어졌을 때 전두엽 쪽의 두피에서 나타나는 P300도 있다. 이 컴포넌트가 무엇을 의미하는지에 대한 확실한 결론은 없으나 목표자극에 대한 기대나 개연성이 P300의 파장에 영향을 준다는 것은 밝혀져 있다.

(2) ELAN: Early Left Anterior Negativity의 첫 자를 딴 것이다. 자극이 주어진 후 매우 빨리 150~250ms에 좌반구의 전두엽 쪽에 나타나는 부반응으로서 단어 범주를 확인하는 등 첫 단계의 자동적인 문장 구조 형성을 반영한다고 알려졌다.

(3) LAN : Left Anterior Negativity의 첫 자를 딴 것이다. ELAN보다 약간 늦게 300~500ms에 나타나며 주로 좌반구의 전두엽 쪽에 나타나는 부반응이다. 통사적 처리를 반영하고 특히 형태-통사적 위반이 있을 때 나타난다고 알려졌다.

(4) N400 : Kutas & Hillyard(1980)에서 처음 발견되었으며 문장을 읽거나 보는 과정에서 LAN과 비슷한 시간 창(time window)에 나타나지만 두정엽 쪽에서 크게 나타나는 부반응이다. 의미와 세상 지식의 통합을 반영하며 의미상으로 모순된 것이 나타나면 그 파장이 더 커진다. 단어의 의미나 의미적 역할이 맞지 않는 단어가 문장 중에 나올 때 반드시 나타난다.

(5) P600 : Osterhout & Holcomb(1992)에서 처음 발견되었으며 보통 500~700ms에서 두정엽 주위로 넓게 분포되어 나타나고 중앙 후 두엽 쪽에서 가장 크게 나타나는 정반응이다. 통사적 처리를 반영하며 통사적으로 예외적인 것이 나올 때 나타난다. 문법적으로 오류가 있거나 문장 구조가 복잡하거나 재분석하면 전형적으로 나타나며 자동적이라기보다는 의식적이고 통제된 구조 형성을 나타낸다.

위와 같은 컴포넌트의 특징들이 제2언어 학습자나 어린이들에게서는 극성, 잠재기, 진폭, 나타나는 두뇌 영역 등에서 조금씩 다르게 나타날 수 있다. 혹은 늦게 시작한 제2언어 학습자에게는 나타나지 않는 컴포넌트도 있을 수 있다.

다음 그림은 듣거나 보는 자극을 제시하고 나서 나온 뇌파들을 증폭하고 평균화 과정을 거친 후에 나올 수 있는 ERP 컴포넌트들을 매우 이상적으로 보여준다.39

우리가 ERP 실험에서 궁극적으로 얻고자 하는 것은 이러한 ERP

---

[39] SPS는 syntactic positive shift를 의미한다. 통사적 처리를 반영하여 정반응 쪽으로 움직이는 ERP를 총칭한다.

컴포넌트들인데, 이것들이 나타나는 시간, 장소, 모양 등을 모두 결과로서 고려하고 해석한 후 그 연구의 결론이 나오게 된다. 다음 그림은 매우 이상적으로 나타난 여러 가지의 ERP 컴포넌트를 보여준다.

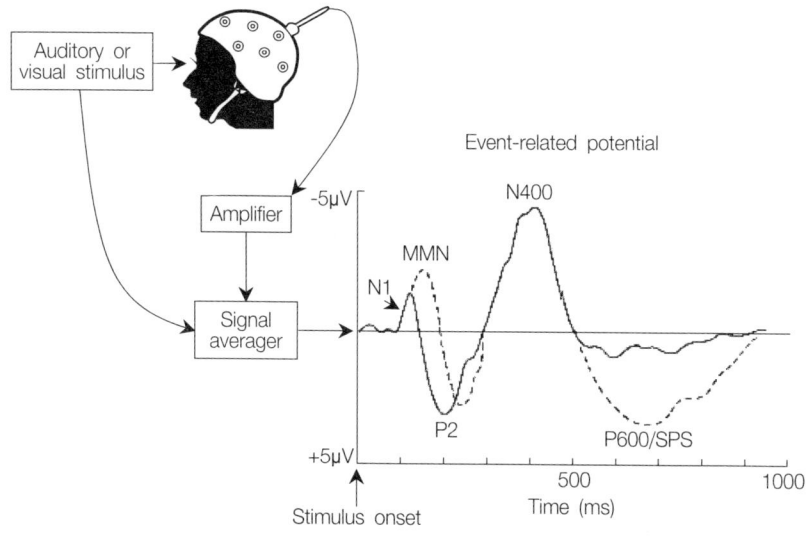

그림 4-4. Osterhout et al. 1997:204

3. fMRI 실험

신경언어학 실험에서 뇌의 어느 부분이 활성화되는가를 정확하게 보고자 할 때에는 fMRI를 사용해야 한다. 먼저 실험의 조건에 맞는 건강한 피험자를 구하는데 실험 내용에 따라 나이, 성별, 시력, 병력을 보고 왼손잡이 혹은 오른손잡이만 하는 경우 등이 있다. fMRI 기계는 일반적인 MRI처럼 전신이 들어가서 밀폐되는 통이 아니고 누워서 볼 수 있는 작은 모니터가 설치되어 있다. 피험자가 실험내용에 대하여 안내를 받은 후 MRI실로 들어가서 기계에 누운 상태에서 머리를 고정하고 모니터, 마우스 등의 위치를 확인한 후 실험자는 밖으로 나와서 스피커를 통해 의사소통을 한다. 실험하는 동안 땅땅땅 하는 소리가 크게 들리지만 피험자는 머리를 움직이지 않도록 주의해야 한다.

fMRI 실험은 두뇌의 어떤 영역에서 조건 A(어떤 정보의 처리상황)일 때가 조건 B(그렇지 않은 정보 처리상황)일 때에 비해서 얼마나 더 많이 활동량이 증감하였는지를 측정하는 것이다. 일정 시간 동안 특정조건 A에서 정보처리를 하는 동안 측정된 영상 데이터를 같은 시간단위의 특정조건 B에서 정보 처리하는 동안 측정된 영상과 비교하면, '조건 B'보다 '조건 A' 동안 더 활성화되거나 덜 활성화된 두뇌의 영역을 찾아내게 된다. 이러한 결과를 분석하기 위해서는 획득된 기능적 뇌 영상들의 움직임을 보정하고 통계적으로 유의미한 신호변화를 찾아내어 지도화하기까지 몇 가지 단계의 처리를 거쳐야 한다.

fMRI 실험의 예로서 의미정보 처리와 자극의 종류에 대하여 뇌의 어떤 부위가 활성화되는지를 보는 실험을 보자. 사과 그림과 '사과'라는 단어를 제시하고 동일한 부위가 관여하는지, 아니면 같은 부위라도 자극의 종류에 따라 다른 정도로 관여하는지를 관찰하는 것이다. 통제조건으로서 보통 단순히 어떤 점을 응시하게 한 후 그때의 활성화 부분을 기저선(baseline)으로 삼고 그림(실험조건 1)과 단어(실험조건 2)를 각각 제시한다.

그림을 보고 판단하는 조건에서, 단순한 응시점을 바라보는 기저선 조건보다 활성화되는 영역은 양측(bilateral)의 전전두엽(prefrontal region)의 일부와 시각 피질이라고 불리는 후측(posterior) 후두엽(occipital cortex)이었다. 반면에, 단어를 보고 판단하는 조건에서는 기저선 조건과 비교하면 시각영역과 함께 좌측의 전전두엽이 더욱 광범위하게 활성화되었다. 그러나 실험 조건 1과 실험 조건 2를 비교하였을 경우, 전전두엽의 차이는 통계처리 결과 유의미한 차이가 발견되지 않고, 오히려 고차적인 시각 정보 처리 영역에서 유의미한 차이가 발견되었다. 즉, 그림 정보를 처리할 때가 단어 정보를 처리할 때보다 고차 시각 피질이 더 활발히 관여한다고 볼 수 있는 결과이다. 뿐만 아니라 두뇌의 후측에 있는 하위 수준의 시각 정보 처리 영역은 두 종류의 시각 자극 유형 간에 유의미한 차이를 보이지 않았는데, 이는 이 영역이 그림 정보 처리와 단어 정보 처리 모두에 공통으로 사용되었음을 의미한다. 결론적으로, 그림과 단어의 의미 판단에 전두엽과 시각 정보 처리 영역이 모두 관여하고, 이는 자극의 종류에 차이가 있지만 상당히 공통되는 신경회로를 공유하고 있음을 시사한다.

4. 기타 실험

신경과학에서 언어 연구를 위해 많이 사용하는 행동반응실험이나 ERP 실험, fMRI 실험 이외에도 사용되는 실험이 있다. 기타 실험방법으로는 시야장(visual field, VF), 경두개 자기자극(Transcranial Magnetic Stimulation, TMS), 눈동자추적(eye tracking) 실험 등이 있다.

정상인의 좌·우반구에 대한 연구는 시야장 기법에 의한 실험을 많이 사용한다. 시야장 실험은 대체로 오른쪽 뇌를 다치면 몸의 왼쪽이 마비되고 왼쪽 뇌를 다치면 몸의 오른쪽이 마비되는 경우와 마찬가지로 우리 몸에서 눈은 정확하게 반대쪽 뇌와 관계된다는 사실에 근거한 실험이다. 이 실험은 피험자의 턱을 고정시킨 후 왼쪽 눈과 오른쪽 눈 어느 한 곳에만 자극을 주고 그 반응을 보는 것인데 왼쪽 시야장의 반응은 우반구에서 시각을 담당하는 피질에서 즉각적으로 나오고 오른쪽 시야장의 반응은 좌반구의 시각 피질에서 나온다. 시야장 실험을 다루는 논문에서 LVF/RH[40] 혹은 RVF/LH라는 표기가 이것을 의미한다.

좌·우반구에서 하는 정보의 처리가 뇌량을 거쳐서 이루어지는 것은 당연하지만 이 경우에는 반응이 조금 지체되거나 늦어질 가능성이 있지만, 시야장 실험은 즉각적인 반응을 보여준다는 장점 때문에 많이 사용된다. 여러 가지 시야장 실험의 결과에 따르면 좌반구는 문장의 핵심적인 의미를 도출하기 위하여 어휘적, 통사적, 의미적 정보를 효과적으로 종합하는 역할을 하는 반면, 우반구는 어떤 단어가 그 문장의 다른 단어들과 상황적으로 맞는가의 여부를 판단하는 역할을 한다.

경두개 자기자극실험은 수술이나 마취를 하지 않고 외부에서 자기

---

[40] LVF/RH란 left visual field at right hemisphere를 말한다.

자극을 주어 뇌의 신경세포를 자극하는 방법이다. 기존의 ERP나 fMRI, PET 실험을 통해 어떤 기능이 확실히 어떤 영역에서 일어나리라는 것을 예측하고 실험에 들어간다. 피험자 개인마다 한 번의 경두개 자기자극 때문에 근육이 저절로 움직이는 운동역치(motor evoked potential, MEP)를 측정한 후 그것을 바탕으로 자기자극의 세기를 조절한다. 최근에는 반복적 TMS(rTMS)를 단파동에 비해 더 널리 사용하는데, 1 Hertz 정도로 반복하여 자극을 준 후 뇌의 어떤 부위가 억제(inhibition)되거나 반대로 촉진(facilitation)이 되면 실험자는 그 부위가 그 실험 자료에 관여하는 영역으로 판단하게 된다.

눈동자추적 실험은 어떤 글을 읽을 때 눈동자가 부드럽게 미끄러지듯 단어들 위를 이동하는 것이 아니라 가다가 멈추는 일을 짧은 간격으로 반복하고 또한 눈동자가 앞으로 되돌아갔다가 다시 오는 작업을 계속한다는 것을 관찰하고 그 사실을 기초로 한다. 글을 읽을 때 단어 위에 눈동자가 머무르는 시간이 다르므로 이것을 정확하게 측정하여 분석함으로써 글의 이해에서 어떤 단어의 정보가 중요한지 혹은 앞에서 나온 단어의 정보를 어떻게 다시 확인하는지 등을 볼 때에 사용하는 실험방법이다.

§ 요약

이 장에서는 신경언어학에서 사용하는 실험 방법을 몇 가지 소개하였다. ERP 실험에 대하여 비교적 상세하게 기술하였는데, 실험실의 장비와 피험자의 준비, 뇌파 자료가 모이는 과정과 분석과정, 그리고 결과로 나타나는 ERP 컴포넌트의 종류를 소개하였다. 또한 fMRI 실험은 그 실험의 예를 보여 줌으로써 실험 과정을 간단히 설명하였다. 그 외에도 시야장 실험, TMS 실험, 눈동자 추적실험에 대해서 간단하게 기술하였다.

□ 핵심 단어 □

평균화(averaging)
극성(polarity): 정반응(positivity)과 부반응(negativity)
잠재기(latency)
ERP 컴포넌트(ERP components) : N400, P600 ....
ELAN(early left anterior negativity)
LAN(left anterior negativity)
MMN(mismatch negativity)
시야장(visual field, VF)

Ⅱ
언어정보의 처리와 영어교육

지금까지 밝혀진 언어와 뇌의 관계에 따르면 우리의 뇌가 음성을 들은 후 매우 짧은 시간에 음향 분석, 어휘 확인, 구문 분석, 의미 분석, 담화 분석, 화용적 사회적 추론을 거친다고 한다. 이러한 과정은 이론언어학이 그 하위영역으로서 음성학, 음운론, 형태론, 구문론, 의미론, 담화분석 등을 가지고 있고 또한 심리언어학, 인지언어학, 사회언어학과 같은 분야가 있음을 상기시켜 준다.

2부에서는 언어가 표현되는 층위별 정보를 음성, 단어, 문장, 담화로 나누어 뇌에서 처리하는 과정에 대한 연구결과들을 살펴본다. 이러한 연구 성과의 정리를 통해서 우리는 다음과 같은 질문에 대하여 뇌신경 과학이 어디까지 말할 수 있는지를 생각해 본다.

1) 제2언어(L2) 학습자가 과연 L2를 모국어(L1)처럼 처리할 수 있을까?
2) 만일 그렇게 못 한다면, L1 습득과 L2 학습의 차이는 무엇인가?
3) L2 학습에 영향을 주는 요소들은 무엇이 있는가?

이처럼 이중 언어를 구사하는 사람들이 L1과 L2를 뇌 속에서 다르게 처리하는지 혹은 같은 방식으로 처리하는지에 대한 궁금함은 제2언어를 구사하는 대부분의 사람이 오랫동안 품어 온 문제이기도 하다. 이것을 연구한 결과들이 우리의 영어 교육에 무엇을 시사하며 또 어떤 점을 제안할 수 있는지 보고자 한다.

제5장 음성의 처리과정

모든 소리는 귀에서 시작하여 뇌간으로, 피질하체계로, 그리고 피질로 이르는 단계를 거치며 그 경로는 상하로 혹은 평행으로 상호작용을 한다. 피질에서 일차적으로 청각과 관련된 곳은 측두엽에 있는 BA 41과 BA 42에 해당하는 부분이다. 이곳은 모든 소리를 - 언어적인 소리이든 비언어적인 소리이든 - 분석하는 데 중심적인 역할을 하는 것으로 추정하고 있다. 이 부분은 그 크기에서 개인적인 차이도 있으나 일반적으로 좌반구의 그것이 우반구의 그것보다 몇 배로 크다. 이것은 언어 영역이 좌반구에 치우쳐 있다는 사실과도 무관하지 않다. 또한 이곳은 베르니케 영역인 BA 22와 매우 가까운 위치에 있다.

Binder et al.(2000)에 따르면 BA 41, 42는 모든 소리의 자극에 비슷한 정도로 활성화되지만 언어적 소리는 비언어적 소리보다 더 넓은 피질에서 활성화된다고 한다. 즉 상측두회(STG)와 상측두구(STS)의 뒷부분까지 확장된다는 것이다. 그러면 우리의 뇌는 다양한 종류의 언어적인 소리에 어떻게 반응하는가? 흥미롭게도 실제단어를 주거나 가짜단어(pseudo-words)를¹ 주거나 혹은 거꾸로 돌려서 말할 때에도 활성화 영역에 차이가 없었다고 한다. 그러므로 이 영역들은 아마도 단어의미를 담당하는 곳은 아니며, 말소리(speech sound)의 음운학적 처리 과정을 반영하는 장소라고 추정한다.

우리가 의사소통을 위하여 가장 먼저 받는 자극인 말소리에 대한 신경언어학의 주된 관심은 우리의 뇌가 말소리를 어떻게 지각하고 처리하는가 하는 것이다. 말을 한다는 것은 연속적으로 소리를 내는 것인데 이것은 항상 두 가지를 포함한다.

하나는, 연속적인 소리를 단편적인 것으로 가정하여 하나의 단위로서 분석하는 분절음(segment)이다. 자음(consonant)과 모음(vowel)이 이에 속한다. 다른 하나는, 연속적인 소리의 흐름에서 들을 수 있는 초분절음(suprasegment)이다. 강세(stress), 음의 길이(length), 성조(tone), 억양(intonation) 등의 운율(prosody)이 여기에 속한다.

우리의 뇌가 이것을 각각 인식하는지 아니면 종합적으로 인식하는지는 중요한 주제 중 하나이다. 또 그것이 L2를 배울 때에는 어떤 한계가 있는지의 문제도 우리에게는 매우 중요하다. 이 장에서는 이러한 주제들을 중심으로 살펴본다.

---

[1] pseudo-word란 발음은 가능하나 뜻이 없고 실제 사용되지 않는 단어(non-word)를 말한다. 예를 들면 hig, presh 등이다

1. 제1언어의 음성정보

우리의 뇌가 연속적인 말소리를 해독하는 기본적 단위는 무엇인가? 그것은 음소(phoneme)[2]인가? 아니면 음절(syllable)[3]인가? 이 문제에 대하여 이론 언어학에서는 모국어 화자가 인식하는 최소단위는 그 언어의 이음(allophone)[4]이 아니라 음소라는 것을 분명히 하고 있다. 그러면 신경언어학에서는 어떠할까? 우리의 뇌가 말소리를 들을 때 과연 음소단위로 재인(recognize)하는가? 여기에 답하기 위해서는 몇 가지를 생각해 볼 필요가 있다.

---

[2] 음소(phoneme)란 어떤 언어에서 의미를 구별하는데 쓰이는 변별적인 음의 최소단위이다. 예를 들면 bad/pad의 쌍에서 의미를 가르는 것은 자음인 /b/와 /p/이다. 그러므로 이것은 각각 영어 음소들 중의 하나가 된다. 음소는 두 개의 slash인 / /로 표시한다.

[3] 음절(syllable)이란 대부분의 경우에 하나의 모음과 주변의 자음들로 구성된다. 음절의 구조는 한국어와 영어가 다르다. 한국어는 쉽게 말하면 하나의 글자가 하나의 음절을 이룬다. 그러나 영어는 매우 다른 구조를 가지고 있는데 하나의 모음(vowel)으로부터 'splints'처럼 모음 앞뒤에 세 개의 자음(consonant)이 붙는 긴 음절이 있다. 즉 (C)(C)(C)V(C)(C)(C)로 표시할 수 있다. 이와 비교하여 한국어는 (C)(G)V(C)로 표시할 수 있다. 여기에서 G는 전이음(glide)을 의미한다. 예를 들면 '꽉' 등이 가장 긴 음절에 속한다.

[4] 이음(allophone)은 음소의 변이형이며 하위구성음(sub-member)이다. allo-는 다르다는 뜻을 가진 그리스어 접두사이다. 즉 어떤 음소가 단어에 들어가서 실제로 발음될 때는 그 위치에 따라 조금씩 달라진다. 예를 들면 영어에서 가장 많은 이음을 가진 음소는 /t/라고 볼 수 있는데 top, stop, city, hotline, twenty 등에서 같은 음소인 /t/는 조금씩 다르게 발음된다. 또한 사람에 따라 조금씩 다르게 발음해도 모국어화자는 그것을 같은 음소로 인식한다. 이음은 [ ]로 표시한다.

먼저 음소는 말소리로 나올 때 음절의 한 부분으로 나오기 때문에 사실은 어느 환경에 있느냐에 따라 다르게 나타난다. 이것은 제2차 세계대전 중에 벨연구소의 과학자들이 개발한 분광기(spectrograph)로 측정한 스펙트로그램(분광사진, spectrogram)을 보면 알 수 있다. 다음 그림은 영어 단어 heed와 who'd의 스펙트로그램이다. 모음과 자음의 포먼트(formant)5의 모양을 볼 수 있다.

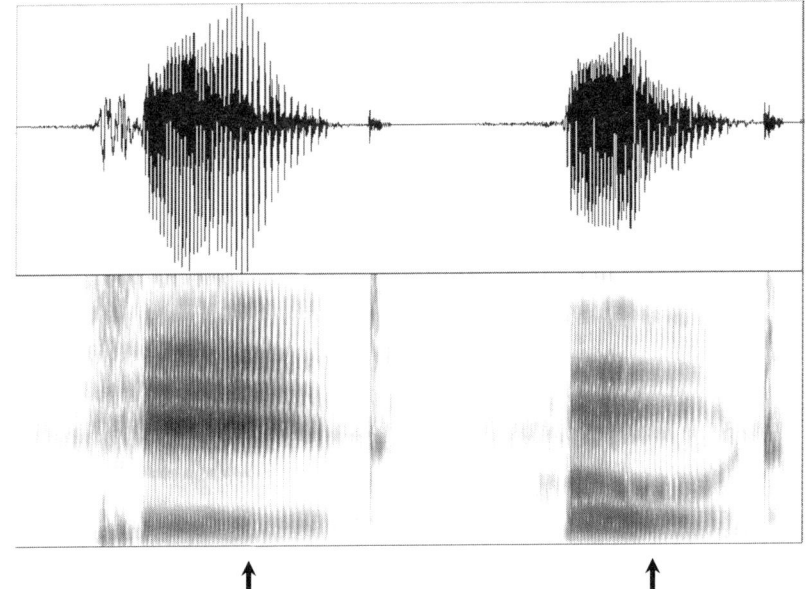

그림 5-1. heed /hid/(왼쪽)와 who'd /hud/(오른쪽)의 파형(wave form)과 스펙트로그램

---

5 förmant는 성대를 타고 올라가면서 진동하는 공기에 의해 발생하는 형성음을 의미한다. spectrogram 상에 아래에서부터 F1, F2, F3 순서로 나타난다.

위의 스펙트로그램을 보면, 음소 /d/는 직전에 나타난 음소가 /i/이냐 /u/이냐에 따라 다르게 나타난다. 예를 들면, 위의 그림의 화살표로 표시한 부분에서 볼 수 있듯이 음소 /i/가 끝나고 /d/가 시작되는 부분의 F2와 F3는 평평하다. 하지만 음소 /u/가 끝나고 /d/가 시작되는 부분의 F2와 F3는 서로 가까워지는 것을 볼 수 있다. 이처럼 개개의 음소들은 직전에 나오는 음소에 따라 물리적으로 매우 다르게 나타난다.

다음으로 우리의 뇌는 의미파악을 위한 단위로서 단어를 사용하게 된다. 이러한 단어에서 음소를 일대일로 찾아내는 것으로는 단어의 지각(perception)에 관여하는 과정을 서술하기가 매우 어렵다. 영어의 경우, 음성을 의미로 파악할 때에 단어나 문장에서 강세(stress)가 반드시 따르기 때문이다. 강세의 유무에 따라 모음의 발음이 달라지는 경우가 많다. 예를 들면, 영어에서 'economy'라는 단어와 'economic'이라는 단어는 음소의 서열은 매우 비슷하지만, 강세가 서로 다르므로 의미의 차이를 파악할 수 있다는 것이다.

이와 같은 사실과 더불어 여러 계층을 지닌 청각체계와 상하 교차적으로 연결된 과정을 생각하면 회화 지각에서 음소가 하나의 핵심적인 요소임에는 틀림이 없어 보인다. 그럼에도 단순하게 음소를 회화지각 단위로 보기는 어렵다는 것을 알 수 있다. 그러므로 회화를 이해하기 위한 최적의 분석단위가 무엇인가에 대한 물음에 대하여는 신경언어학에서 아직 더 연구해야 할 부분이다.

그러면 인간이 말소리에 대하여 인지하는 능력은 언제부터 생기는가? 아기가 태어나면 하루 정도 지나서 청력검사를 한다. 소리에 대하여 반응을 보이는지 그리고 청력이 정상인지를 보기 위해서이다. 사람은 이 세상에 나오기 전부터 들을 수 있고 그리고 이 세상을 떠나기 직전까지 들을 수 있다고 한다. 일련의 연구에 따르면, 아기가 6개월 정도가 지날 때까지는 모든 말소리를 구분할 수 있다는 것이다. 만일 아기가 그때 말을 한다면 지구상에 있는 모든 언어의 발음을 소리 내고 구별할 수 있는 능력이 있음을 의미한다. 그러나 6개월 혹은 7개월이 지나면 차츰 자기 모국어의 말소리만을 범주로 나누어(categorization) 지각하며 그 상호경계에 민감해진다고 한다. 즉 모국어 말소리에서 음소를 구별한다는 것이다.

더욱 놀라운 것은 아기들이 강세도 구별한다는 연구 결과가 있다. Friederici et al.(2007)에 따르면 4개월에서 5개월 사이의 아기 100명에게 ERP 실험을 한 결과 자기 모국어의 강세 패턴을 구별할 수 있다는 것이다. 독일 아기들은 불어식 강세인 papá 'daddy'에 대하여 MMR(mismatch response)을 보였고 프랑스 아기들은 반대로 독일어식 강세인 pápa 'daddy'에 대하여 MMR을 보였다는 것이다.

이와 같이 영아 때 가졌던 음성학적 능력은 시간이 갈수록 퇴화한다. 그러다가 모국어를 완전히 습득할 나이가 지나면 자신의 모국어가 가진 음소 이외에는 다른 음소를 인식하지 못한다는 것이 여러 가지 실험에서 밝혀지고 있다. 그래서 성인이 되면 자기 모국어의 방언에서도 이러한 현상을 나타낸다.

이것을 Conrey et al.(2005)은 영어의 텍사스 방언(Texan)에 대한 최초의 ERP 연구에서 보여주고 있다. 예를 들면 텍사스 방언은 pin/pen

에서 pen을 pin으로 발음하는 경향이 있다. 다른 말로 하면 모음 /ɛ/가 /ɪ/로 병합(merge)되고 있다는 것이다. 11명의 텍사스 출신 대학생과 11명의 다른 주의 출신인 대학생을 ERP 실험으로 비교하였다. 그 결과 두 그룹 간에 pain/pine, lane/line, main/mine 등의 구분에서는 차이를 보이지 않았지만 pin/pen, tin/ten, din/den 등의 구분에서는 텍사스 그룹의 정확도가 떨어질 뿐만 아니라 비 텍사스 그룹과 달리 LPC(late positive component)를[6] 보이지 않았다. 이것은 텍사스 출신 학생들이 다른 주 출신의 학생들과 비교하여 /ɛ/와 /ɪ/를 구별하여 인식하는 능력이 떨어짐을 뇌파로 보여주는 것이라고 할 수 있다.

이와 같은 현상이 두 개의 다른 언어에 대해서는 당연히 나타나리라고 짐작할 수 있다. 그 중 대표적인 연구의 하나로서 *Nature*지에 발표된 Näätänen, et al.(1997)을 들 수 있다. 비슷한 모음체계를 가진 핀란드어와 에스토니아 어에서 유일하게 에스토니아어에는 있지만 핀란드어에는 없는 모음인 /õ/를 들려주고 두 그룹을 비교한 결과 핀란드 화자는 에스토니아인보다 MMN(mismatch negativity)의 파장이 높지 않았다는 것이다. 이것은 자기 모국어에 없는 모음을 들을 때에는 그것을 제대로 구별하거나 인식하지 못한다는 것을 나타낸다. MMN은 ERP 컴포넌트의 하나로서, 같은 소리를 반복하여 듣는 가운데 다른 소리가 들어 있으면[7] 그것에 대해 자동으로 두뇌에서 보이는 부반응이다.[8]

---

[6] LPC란 500~900ms 사이에 나타나는 정반응을 의미하는데 P600을 포함할 때도 있다.

다음 그림은 위 논문에서 핀란드인 피험자가 생소한 모음을 들을 때 나온 ERP에서 표준 자극인 /e/ 모음을 들을 때 나온 ERP를 감한 후에 나온 MMN를 나타낸다.

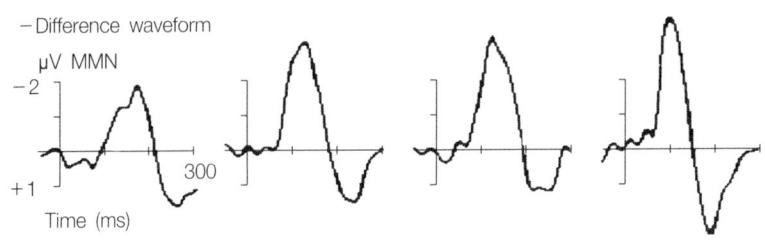

그림 5-2. Näätänen, et al. 1997: 433

이와 같은 현상은 일본어를 L1으로 하고 영어를 L2로 하는 피험자에 대한 연구에서도 볼 수 있다. 영어에서 rip/lip과 같은 최소쌍(minimal pair)에 대해서 영어 모국어 화자와 달리 일본어 화자에게서는 축소된 P300이 나타났다(Buchwald et al., 1994). 일본어에서는 /r/과 /l/이 다른 음소가 아니므로 일본어 화자가 그것을 구별하여 인지하지 못하기 때문이다. 만일 한국인들에게 같은 실험을 한다면 비슷한 결과가 나올 것으로 예상할 수 있다. 한국어에서도 /r/과 /l/은 다른 음소가 아니고 'ㄹ'을 발음할 때 나오는 변이음이기 때문이다.

---

[7] 이러한 실험형태를 Oddball paradigm이라 부른다. 익숙한 자극과 생소한 자극에 대한 반응을 비교하는 방법이다.

[8] MMN은 소리뿐만 아니라 눈으로 보는 image 반응에도 나타난다. 즉 같은 image를 계속 보여주다가 다른 image가 들어오면 자동적으로 이 반응이 나온다.

한국어를 모국어로 하는 화자들과 러시아어를 모국어로 하는 화자들을 비교한 MEG 실험 연구가 있다. Kazanina et al.(2006)은 두 그룹에게 [ta]와 [da]를 Oddball paradigm으로 들려주고 MMN이 발생하는가를 보았을 때 러시아 화자들에게서는 MMN이 나왔으나 한국어 화자들에게서는 이것이 나오지 않았다. 러시아어에서는 [dom] 'house'과 [tom] 'volume'에서 볼 수 있듯이 /d/와 /t/는 다른 음소이다. 그러나 한국어에서는 [tarimi] '다리미'와 [pada] '바다'에서 볼 수 있듯이 /t/와 /d/는 'ㄷ'을 발음할 때 환경에 따라 생기는 변이음이다. 그것이 의미하는 바는 한국인은 /d/와 /t/를 다른 음소로 인식하지 못하고 같은 음소로 지각한다는 것이다. 이러한 일련의 실험들에서 말하는 것은 성인이 된 모국어 화자는 자신의 모국어에 없는 음소나 강세를 처음 들으면 그것을 지각하지 못한다는 것이다.

다음으로, 영어 모국어 화자가 말소리를 듣고 어떻게 의미와 연결하는가에 대한 연구를 보면, 그들이 자연스럽게 말을 하고 있을 때 ERP 실험을 한 결과 단어의 첫소리는 의미적 정보나 통사적 정보에 관계가 없으며 N100과 N200~300을 나타낸다고 한다. 그러나 강세가 있는 음절은 강세가 없는 음절보다 그 진폭(amplitude)이 크다고 한다. 또한 N400에서는 내용어(content words)가 기능어(function words)보다 그 진폭이 크다. 이것은 영어 모국어 화자의 뇌는 다른 문법적 정보가 들어오기 전에 단어의 소리에 대한 반응을 보이면서 단어의 품사나 강세를 지각한다는 것을 나타낸다고 볼 수 있다.

한편, Steinhauer et al.(1999)은 문장구조를 처리하는 과정의 시작이 억양구(intonational phrase)에 있다고 주장하였다. 즉 초분절적 요소가 의미 해석에 일정한 역할을 담당하고 있다는 것이다. 예를 들어 다음과 같은 문장을 밑줄 친 부분 뒤에 약간의 하강억양(falling intonation)과 쉼(pause)을 두는 억양구의 경계를 두고 읽는다면 두 문장 중에 (1a)는 (1b)보다 이해하기 쉽다.

1) a. Since Jay always jogs <u>a mile and a half</u> this seems like a short distance to him.
   b. Since Jay always jogs <u>a mile and a half</u> seems like a very short distance to him.

문장 (1b)가 제대로 해석되려면 *a mile and a half*가 동사 *jogs*의 목적어가 아니라 동사 *seems*의 주어로 해석되어야 한다. 그러기 위해서는 길 혼동현상(garden path phenomena)처럼[9] 뇌 속에서 다시 분석이 일어나게 된다. 연구자들은 억양이 어떤 영향을 끼치는지를 알고자 56명의 독일어 화자인 대학생들을 대상으로 자연스러운 독일어 문장을 들려주고 행동실험과 ERP 실험을 실행하여 다음과 같은 결과를 얻었다.

2) a. 억양구가 끝날 때마다 정반응 쪽으로 움직이는 ERP가 있다.

---

[9] garden path phenomena는 여러 가지 말로 번역되는데 '오도문 현상'이라고도 한다. 어떤 문장을 읽어 나가는 중에 생각한 문장 구조가 그 문장이 끝날 때에는 잘못되었다는 것을 느끼고 다시 그 구조를 생각하여 바른 해석을 하게 되는 경우를 가리킨다.

(그런 의미에서 여기에서 나타난 ERP 컴포넌트를 Closure Positive Shift(CPS)라 부른다.)
b. 억양, 음의 높이(pitch)와 같은 운율(prosody) 정보가 통사구조 형성을 결정한다.
c. CPS는 통사적으로 생소한 인공언어에서도 운율이 있을 때에는 나타난다.

위의 결과를 문장 (1a)와 (1b)에 적용해 보자. 만일 *a mile and a half*의 바로 앞에 하강 억양과 약간의 쉼을 줌으로써 억양구의 경계를 나타낸다면 오히려 예문 (1a)가 그다음에 나오는 *this seems*를 읽으면서 통사적 구조파악에 어려움을 겪을 것이다. 그와 반대로 예문 (1b)는 자연스럽게 종속절이 끝나고 주절의 주어가 나오리라는 통사적 판단을 할 수 있으므로 오히려 도움을 받을 것이다. 이처럼 운율이라는 초분절적 요소가 통사적 구조 파악에 일정한 역할을 하고 있다는 것을 보여 주었다.

운율뿐만 아니라 글을 쓸 때 사용하는 쉼표(comma)도 이와 같은 역할을 한다는 것이 밝혀져 있다(Steinhauer & Friederici, 2001). 최근에 나온 CPS에 대한 fMRI 연구에 따르면 운율 정보의 처리를 도와주는 곳은 IFG의 후측 중심구 판개(posterior rolandic operculum)로서 이곳은 통사적 처리를 돕는 부위와는 구별되는 장소라고 한다(Ischebeck et al., 2008).

이 절의 요점을 정리하면, 음성에 관한 한 모국어 화자는 현재 사용하고 있는 모국어의 소리만을 인식하고 있음을 볼 수 있으며, 또한 운율이 의미를 전달하는 데에 매우 중요한 역할을 한다는 것을 알 수 있다.

2. 제2언어의 음성정보

앞 절에서 모국어 화자의 말소리 인식에 대하여 알아보았다. 그러면 이들이 제2언어를 배울 때는 그 음성학적 능력은 어떠할까? 제2언어의 음성정보에 대한 연구는 같은 모국어를 가진 피험자들을 대상으로 그들이 구사하는 제2언어의 말소리에 대하여 그것을 모국어로 하는 통제그룹과 비교하는 경우가 대부분이다. 예를 들면, 영어를 학습하는 한국어 화자를 피험자로 하여 그들의 영어 발음과 영어를 모국어로 하는 통제그룹의 영어 발음을 비교하는 것이다.

제1언어와 제2언어의 발음상의 차이가 제2언어의 발음에 어떤 영향을 주는가 하는 문제를 다룬 Flege(1987)를 보면 L1에 아예 없는 모음이 L2에 있을 때 오히려 그것을 제대로 발음하는 비율이 높다고 한다. 불어의 모음 /y/는 영어에 없지만 불어의 /u/는 영어의 /u/보다 혀가 더 뒤쪽으로 물러나면서 나는 소리이다. 매우 다양한 미국인 그룹의 발음에 대하여 음향학적 분석을 한 결과 /y/의 발음이 /u/의 발음보다 정확도가 높았다. 즉 L1에 유사한 모음이 있을 때에는 L2의 모음을 처음에 L1의 그것으로 대체하려 하다가 학습 기간이 오래되어도 그

중간쯤의 발음으로 하기 때문에 정확도를 가지기 어렵다는 것이다.

전통적으로, 제2언어 학습자들에 대한 연구의 주요관심사 중의 하나는 과연 목표언어에 노출되는 시간이 많을수록 발음과 음성적 인식 능력이 좋아질까라는 의문에 답하는 것이다. 여기에 관한 행동실험들에 따르면 그 답은 흐림에서 맑음까지 퍼져 있다. 예를 들어, 일본인에게 /r/과 /l/ 음소를 훈련시킨 결과 그 음소들을 구별하는 범주지각능력이 별로 향상되지 않았다. 그러나 자극을 주는 방법을 바꾸어 rock/lock, pray/play, road/load와 같은 최소쌍을 풍부히 제공하고 또한 훈련 시에 많은 피드백을 준 결과 15% 정도 향상을 보였다고 한다. 한편, Francis & Nusbaum(2002)의 실험은 말소리의 범주지각이 성인도 발달할 수 있다는 낙관적인 대답을 가능하게 한다. 미국 학생들에게 한국어의 'ㅂ' 'ㅃ' 'ㅍ'를 훈련시킨 결과 그것을 식별하는 능력이 상당히 높게 생겼다고 한다.

그러면 "제2언어 학습자들의 발음에도 결정적 시기가설(Critical Period Hypothesis)이 적용되는가?" 하는 질문을 해 볼 수 있다. 여기에 대하여 Flege(1995)와 그 동료들이 해 놓은 일련의 연구를 보면, 발음에 관한 한 이 가설이 적용되지 않는다고 주장한다. 즉 사춘기 이후에 영어를 배우기 시작한 예도 어린 나이에 시작한 예와 마찬가지로 영어를 듣고 이해하는 능력이 원어민과 비슷해질 수 있고 발음도 그와 같은 수준으로 할 수 있다는 것인데 그 증거로서 이탈리아어를 모국어로 하는 240명의 피험자를 대상으로 한 연구 결과를 보여준다. 캐나다에 도착한 나이가 3세에서 21세 사이이고 30년 이상 캐나다에 거주한 사람들이다. 피험자들이 가진 외국인 티가 나는 발음(foreign accent)의 정도를 조사한 결과 도착 나이와 외국인 말투의 상관관계는 대체로 'earlier is better'라는 결과를 보여주었다. 그러나 만일 결정적 시기가 설이 적용된다면 사춘기 전에 영어를 시작한 사람에게서는 외국인 말투가 많이 감소해야 할 것이다. 그러나 그러한 분포를 보이지 않고 연속선상에 있었으며 오히려 개인적인 차이가 컸다는 것이다. 그 후속연구로 한국인 240명을 피험자로 한 연구에서도 같은 결과가 나왔다고 한다.

이러한 결과에 따르면, 제2언어의 발음에 영향을 끼치는 요소가 단순히 L2를 시작한 나이에 있지 않고 다른 요소를 많이 가지고 있다고 볼 수 있다. 여러 가지 주장 중에서 심리적 요인을 배제한다면, 가장 주요한 것은 L2에 있는 소리를 부정확하게 지각하기 때문이다. 즉 L1과 L2의 음성체계의 차이를 인식하지 못하기 때문에 앞 절에서 본 바와 같이 자신의 모국어에 없는 소리는 인식하지 못하는 것이다. 제2언어 학습자는 L1에서 의미의 차이를 유발하지 않는 소리를 대부분 구별하지 못하고 L2의 소리를 항상 L1의 소리로 대체하고 싶어 한다.

L1이 한국어인 우리 자신의 주위를 돌아보면 듣기 장벽은 여전히 높고 발음에 있어서 화석화된 오류를 흔하게 들을 수 있다. 호주에 사는 한국인을 대상으로 한 실험에 따르면 영어 모음에 대하여 L1인 한국어의 간섭이 일어난다고 주장하고 있다. 또한, 호주인에게 한국인이 하는 영어를 들려주고 실험한 결과 한국인이 발음하는 영어 모음 중에서 호주인이 알아듣지 못하는 부분은 모음의 길이가 문제가 아니고

모음의 음질(quality)이 다르기 때문이라고 결론 내리고 있다.

마지막으로, 제2언어 학습자는 제2언어를 들을 때 그것을 어떻게 의미와 연결하는가? 음성정보는 곧 의미정보로 처리되어야 하는데 과연 그것들이 구별되는지 혹은 순서가 있는지에 대한 의문이 있다. 앞 절에서 제1언어가 독일어일 때 실험에 따르면 억양구가 문장 구조의 처리를 시작하는 실마리가 된다는 것을 보았다. 그러나 Guo et al.(2005)의 ERP 연구에 따르면 중국어 화자는 L1인 중국어에서 의미정보를 음성정보보다 먼저 인출(retrieval)한다는 것이다. 즉 의미정보에 반응할 때 보이는 부반응이 307ms에서 나타나고 그다음에 447ms에서 음운정보에 나타나는 반응을 보였다는 것이다. 또한 후속 연구라고 할 수 있는 Guo & Peng(2007)은 12세 이후부터 영어를 배운 15명의 중국 대학생을 대상으로 한 실험에서 중국어의 예보다 반응은 약간 느리지만, L1과 마찬가지로 영어에서도 의미정보를 음운정보보다 먼저 인출(retrieval)한다는 것을 보여 주었다. 그렇다면 중국어 화자들은 제2언어를 학습할 때에도 소리보다 의미를 먼저 생각한다는 말이 된다. 이 결과를 일반화하기는 어렵지만, 중국어가 뜻글자임을 생각해 보면 이것이 L1이 간섭하는 현상이 아닌가 하는 생각을 해 볼 수 있다. 음성정보 처리에 대한 L1과 L2의 상관성을 연구하기 위해서는 좀 더 다양한 제2언어를 대상으로 하는 실험연구가 필요하다고 하겠다.

3. 영어교육에 적용하기

말소리에 대한 위의 연구들에 근거하여 어떠한 것을 우리의 영어교육과 연결해서 무엇을 제안할 수 있는지 생각해 보자. 영어에 대한 음성학적 이해는 우리나라 학생들의 발음과 청취력을 향상하게 할 수 있는 기초가 되기 때문이다. 두 가지로 나누어 생각해 볼 수 있다.

첫째, 영어의 모음과 자음에 대한 음질 교정이 필요하다. 음질교정에서 더 어렵고 중요한 부분은 모음에 대한 교정이다. 영어의 모음과 우리말의 모음은 전체적으로 음질이 조금씩 다르다고 가정하고 가르치는 것이 필요하다. Flege(1995)에 따르면 한국인은 /ɛ/와 /æ/의 구별과 /i/와 /ɪ/의 구별이 가장 미흡하다고 한다. 우리말에서 일어나고 있는 '에'와 '애'의 병합(merge) 현상으로 말미암아 /ɛ/와 /æ/를 구별하여 발음하기가 어렵다. 그리고 후설모음 /u/, /ʊ/에 대해서도 우리말의 음가와 비교하여 다르다는 것을 가르쳐야 한다.

그뿐만 아니라 영어의 자음에서도 우리말과 조금씩 다른 음질을 가진 영어 자음이 많이 있다. 우리나라 학생들에게 영어 자음의 음질을 제대로 이해시키려 한다면 음소와 이음의 관계를 가르침과 동시에 한국어와 영어 사이에 있는 음소의 차이와 그 음소가 가진 이음들을 가르쳐야 한다. 우리나라 남자 중에서 영어 자음 중에 흔히 오류로 지적받는 부분이 /r/과 /l/에 있다는 것은 잘 알려져 있다. 우리말에서는 /r/과 /l/이 의미 변화를 가져오는 음소가 아니기 때문이다. 또한 /p/와 /f/를 제대로 구별하여 발음하지 않고 /pf/로 대치하려는 경향이 높다. 그리고 /ʤ/, /ʒ/, /z/를 구별할 줄 아는 것도 중요하다.

이처럼 정확한 모음과 자음의 발음을 위해서는 먼저 우리말과 영어의 음성학적 체계의 차이가 무엇인지를 인식시킨 후에 그에 따른 훈련과 연습이 있어야 한다. 분절음을 훈련하는 방법으로는 가능한 한 의미의 차이를 가져오는 최소쌍과 피드백을 많이 제공해 주는 것이 좋다. 재미있는 예화와 더불어 제공한다면 그 발음에 대한 학생들의 주의력 집중(attention)을 높여주고 그때 그때 주어지는 피드백은 즉각적인 수정을 가능하게 한다.

둘째, 강세와 억양에 대한 훈련이 꼭 필요하다. 미국 어린이들도 영어의 초분절적 요소를 분절적 요소보다 늦게 습득한다고 한다. 운율에 대한 지각이 초등학교 3학년 정도에 가서야 이루어지는 것으로 알려져 있다. 위의 실험에서도 보듯이 억양구는 문장 구조를 처리하는 실마리가 된다. 또한 Mueller et al.(2005)에서 내린 결론 중의 하나는 운율이 언어학습의 도움 주기(scaffolding)로서 중요한 역할을 한다는 것이다. 운율에는 단어 강세, 문장 강세, 리듬, 억양, 억양구 사이의 쉼(pause)도 포함되는데 운율이야말로 우리말과 영어가 가장 큰 차이를 보이는 부분이라 하겠다.

이것을 훈련하는 방법에는 먼저 우리말은 음절 단위로 발음되지만 영어는 강세 단위로 발음된다는 차이를 이해시켜야 한다. 그리고 단어 강세와 문장 강세가 있음을 알게 하고 문장 강세는 리듬을 가져오며 구와 문장의 끝 부분에는 억양이 있어서 화자의 의도와 감정을 엿볼 수 있음을 설명하고 하나씩 명시적으로 예를 들어준다. 우리나라 영어

교육에서 이와 같은 부분이 소홀히 다루어지고 있음을 생각할 때 운율의 중요성을 더욱 강조해야 할 것이다.

끝으로, 앞에서 본 영아들의 소리에 대한 놀라운 능력은 우리로 하여금 조기교육에 대해 생각하게 만들 수 있다. 이 시기의 아기에게 영어를 많이 들려주는 것이 나중에 할 영어 학습에 도움이 되지 않을까 하는 생각을 하게 된다. 그러나 여기에 대하여 뇌 과학자들은 추천할 수 없는 방법이라고 말한다. 왜냐하면 아기가 어떤 스트레스를 받으면 활발하게 일어나야 하는 뇌세포의 증가에 악영향을 끼치며 그것이 나중에 엄청나게 심각한 결과로 이어질 수 있다는 것이다. 이 시기에는 엄마가 정다운 목소리로 아기와 많은 대화를 하는 것이 가장 바람직한 교육이 될 것이다.

§ 요약

이 장에서는 태어나면서부터 불과 몇 달 사이에 가지게 되는 음성학적 능력에 대한 연구와 모국어 습득을 하는 가운데 한정 지어지는 능력을 소개하였다. 그리하여 모국어의 음소와 이음에 대한 구별 능력만을 가지게 되는데 이것이 제2언어의 학습에 영향을 주게 된다. 그럼에도 제2언어에 노출이 많아질수록 발음이나 청취력에 대하여 결정적 시기 가설은 작용하지 않는다는 주장이 우세하다. 따라서 발음 교육은 좋은 결과를 낼 수 있으며 그중에서도 음소와 이음의 구별과 비교, 강세와 억양에 대한 교육을 강조하였다.

□ 핵심 단어 □

분절음(segment)과 초분절음(suprasegment)
모음(vowel)과 자음(consonant)
스펙트로그램(분광사진, spectrogram)
음소(phoneme)
이음(allophone)
운율(prosody): 단어 강세(word stress), 문장 강세(sentence stress),
            억양(intonation)
억양구(intonational phrase)
도움 주기(scaffolding)

제6장 단어의 처리과정

뇌의 관점에서 보면 언어는 언어학에서 하는 것과 매우 다르게 정의될 수 있다. 신경언어학에서 언어란 '말이나 글과 같은 물리적 형태의 입력과 뇌의 장기기억 창고에 있는 지식, 기억, 경험이 만나는 과정에서 만들어진 결과'라고 정의하고 있다(Kutas et al. 2007). 여기에서 여러 가지 형태의 물리적 입력이나 출력의 기본단위는 단어이다. 단어는 말이나 글에서 독립적인 의미가 있는 기본 단위이기 때문이다.

고등학교를 정상적으로 졸업한 미국인은 사전에 표제로 나와 있는 단어와 파생어, 복합어 등을 합쳐서 약 6만 개 정도를 알고, 대학을 졸업한 지식 계층의 미국인은 약 10만 개의 단어를 알고 있다고 한다. 이 단어들이 어디에 들어 있을까? 장기기억에 표상된 심성어휘집 (mental lexicon)에 단어에 대한 여러 가지 계층의 정보들을 보유하고 있다고 추정한다. 일반 사전과 비교할 수 없을 만큼 다양하고 복잡한 정보들을 포함하고 있어서 그 많은 단어의 음성·음운적 정보, 형태적 정보, 통사적 정보, 의미적 정보, 화용적 정보 등을 가지고 있다.

신경언어학에서 단어정보의 처리에 관한 관심은 몇 가지로 나누어 볼 수 있다. 어떤 단어가 입력되면 우리의 뇌는 심성어휘집에 들어 있는 정보와 대응하여 그 단어를 확인하는 단계를 거친다. 이것을 단어재인(word recognition)이라 하는데 이때 단어를 분해하여 확인하는지, 아니면 통째로 확인하는지에 대한 논의이다. 또한 단어 정보를 활용하고자 뇌를 활성화할 때 어떤 요소가 영향을 끼치는지, 어휘 해석을 할 때에는 어떤 요소가 중요한지 등에 대한 연구 결과들을 보고자 한다. 마지막으로 모국어의 단어 습득은 어떻게 이루어지는지 그리고 제2언어에서 단어 학습은 어떻게 이루어지는지에 대한 논의를 소개한다.

1. 제1언어의 단어정보

우리의 언어능력은 태어날 때부터 좌반구에 편재되어 있다. 앞장에서 보았듯이 음운적인 처리는 출생 후 불과 몇 달만 지나면 진행된다. 그리고 의미적 처리는 생후 12개월이 되면 시작된다고 한다. 또한, 통사적 처리는 생후 30개월 정도부터 이루어진다고 한다. 이처럼 언어는 우리의 뇌 속에서 시간의 경과와 함께 발달해 간다.

단어는 하나 이상의 형태소(morpheme)로 구성된다. 예를 들어, 'flower'는 한 개의 형태소로 이루어져 있지만 'flowers'는 두 개의 형태소로 이루어져 있다. 'flower'라는 내용형태소와 '-s'라는 복수를 나타내는 기능형태소로 이루어져 있다. 이와 같이 상당수의 단어는 다형태소로 구성되어 있다. 그러면 단어는 심성어휘집에 어떻게 표상되어 있는가? 그리고 단어 재인 과정 중에 형태소 수준의 표상이 실재하는가?

이에 대한 연구는 몇 가지 가설을 바탕으로 영어, 독일어와 같은 언어를 대상으로 많이 이루어졌는데, 형태적 관계의 효과를 비교할 수 있도록 주로 반복점화(repetition priming)[10]기법을 사용하였다. 최근의 연구를 보면 단어에 따라서 형태소 분해과정을 통해 심성어휘집에 접속하는 예도 있고 전혀 분석되지 않고 통째로 접속되는 예도 있다는 혼합모형 가설이 지지를 받는 것으로 보인다. Clahsen(2006)은 우리의 뇌가 형태소의 구조에 따라 어휘처리 과정에서 다른 ERP 컴포넌트를 보인다는 것을 보여 주었다. N400이 나오면 통째로 접속한다는 증거가 되고 LAN이 나오면 분해하여 접속한다는 증거라고 예상하였다. 영어를 예로 들면, good, better, best나 go, went, gone 등은 통째로 접속되고 fast, faster, fastest나 work, worked 등은 분해해서 접속한다는 것이다. 다시 말하면 명사의 복수형이나 동사의 과거시제를 나타내는 굴절어미 중에서 불규칙 변화를 하는 단어들은 주로 심성어휘집에 통째로 접속되며 기억에서 바로 인출된다고 본다. 그에 비해 규칙변화를 하는 단어들은 뇌 속에서 분해해서 접속하며 연산(computation)을 통해 인출된다고 보는 것이다.

이러한 방식으로 단어접속이 이루어지면 우리의 뇌는 가장 먼저

---

[10] 점화(priming)란 앞에 나온 자극(점화자극)의 처리가 뒤에 나오는 자극(표적자극)의 처리에 미치는 영향을 말한다. 점화자극과 표적자극의 사이에 주어지는 시간을 SOA(자극제시시차, Stimulus Onset Asynchrony)라고 부른다. 반복점화는 점화자극과 표적자극이 동일하게 주어지는 경우의 효과를 말한다.

범주화를 한다. 어떤 단어가 소리로 전달된 것인지 눈을 통해 전달된 것인지, 나에게 익숙한 것인지 아닌지, 혹은 이 단어의 품사나 종류가 무엇인지 등을 구별한다. 예를 들어, 빈도가 높은 단어, 즉 익숙한 단어에 대해서는 200~400ms 사이에서 부반응(N280이라고도 한다)을 보인다. 뇌는 여러 가지 범주에 대하여 각각 다른 ERP 컴포넌트를 보인다. 그러면 지금부터 어떤 요소에 대하여 어떻게 다르게 나타나는지 보기로 하자.

일찍이 단어와 그 의미에 대한 연구에서 발생하는 ERP 컴포넌트는 N400으로 알려져 왔다. Kutas & Hillyard(1980)은 *Science*지에 발표한 논문에서 'I take coffee with cream and dog'와 같은 문장들을 소리 내지 않고 읽게 한 후 측정한 결과 의미상으로 적합하지 않은 단어가 문장의 끝부분에 왔을 때 N400이 발생하는 것을 보여주었다. 한편, 그들은 후속연구에서 의미상으로 부적합한 단어와 그 단어를 매우 크고 굵게 표시한 것을 주고 측정한 결과 N400이 나타나고 P560과 같은 정반응이 나타났다. 이것은 우리의 뇌가 두 가지의 비정상적인 경우를 따로 지각하며 상호 작용하지 않음을 보여주는 것이다. 그 이후 N400은 의미와 관계된 ERP 컴포넌트로서 어떤 특정한 단어가 의미상으로 혹은 문맥상으로 맞지 않거나 어색할 때에는 어김없이 나타나는 것으로 인정되고 있다.

Kutas & Federmeier(2000)는 언어 이해를 위한 단어 정보의 처리가 의미기억(semantic memory)에서 많은 것을 인출하는데 그때 N400의 진폭이 단어 간의 의미적 관계에 매우 예민하다는 것을 보여주었다.

아래 그림을 보면 "They wanted to make the hotel look more like a tropical resort." 라는 문장에 이어서 나온 표현인 "So along the driveway they planted rows of palms/pines/tulips."에서 끝 부분에 나온 세 단어의 의미적 관계에 따라 N400의 진폭이 다르다는 것을 보여준다. 문맥에서 가장 기대감이 높고 적합한 *palms*는 N400의 진폭이 매우 낮지만 기대감과 적합성이 떨어지는 다른 두 단어에 나타난 N400은 그 진폭이 높아졌다. 그러나 두 단어 간에도 진폭의 차이가 나타난다. 즉 나무라는 의미 범주를 공유하고 있는 *pines*와 의미 범주가 다른 *tulips*의 진폭이 다르게 나타나는 것을 볼 수 있다.

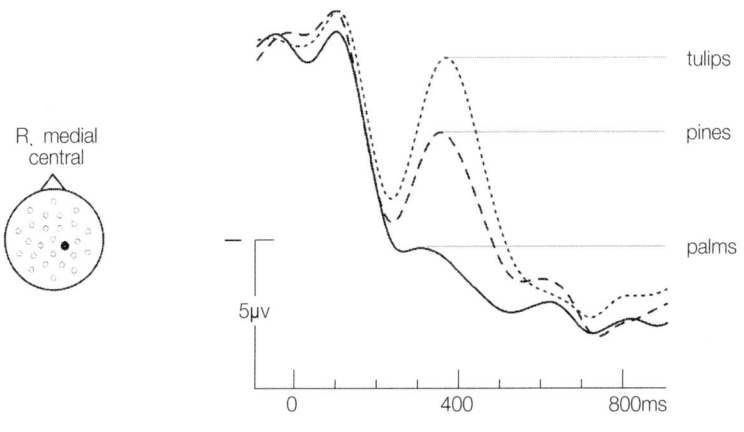

그림 5-3. Kutas & Federmeier 2000: 466

우리의 뇌는 단어의 종류에 대해서도 인지한다고 하는데, ERP 연구에 따르면 내용어가 기능어보다 진폭이 큰 N400을 발생시킨다고 한다.

내용어가 문법적 기능을 주로 하는 기능어보다 의미적인 역할이 더 크기 때문일 것이다. 또한 동사와 명사는 둘 다 내용어에 속하지만, 그 성격이 매우 다르고 문장에서도 다른 자리에 나타나는데, 신경과학 분야에서는 뇌 안에 과연 명사와 동사에 상응하는 신경세포가 있는지에 대한 관심이 오랫동안 지속되었다. 이것은 환자를 통한 연구에서 먼저 관찰되었다. 두뇌 손상을 입은 환자는 그 손상부위에 따라 동사와 명사를 제대로 구사하지 못한다는 것이다. 즉 좌반구 앞쪽 부분의 손상은 동작을 나타내는 동사를 말하지 못하고, 좌반구 관자놀이 부분의 손상은 사물의 이름, 즉 명사를 잘 말하지 못한다고 한다. 그렇다고 해서 정상인에게도 환자와 같은 부분에 동사와 명사를 관장하는 부분이 있을 것이라는 추측은 아직 이르다.

  그러나 정상인의 뇌는 명사의 종류에 대해서 인지하는 것으로 보인다. 우리의 뇌는 명사 중에서도 구체명사(concrete noun)와 추상명사(abstract noun)에 대하여 다르게 반응하는데 구체명사가 전두엽에서 추상명사보다 더 큰 N400을 낸다고 한다. 그 가운데 Federmeier et al. (2000)은 단어의 품사가 ERP에 어떤 차이를 유발하는지에 대한 실험을 수행하였다. 뜻이 하나밖에 없는 명사인 solution, 동사인 carve, 품사가 명사로 혹은 동사로 다 사용될 수 있는 joke와 같은 단어, 그리고 발음가능하고 철자법에 맞지만 사용되지 않는 단어인 phream과 같은 가짜 단어를 문장에 넣어서 제시하였다. 이 모든 단어를 명사가 와야 하는 상황(the의 뒤)과 동사가 와야 하는 상황(to의 뒤)을 가진 300개(통제문장[11] 60개 포함)의 문장에 넣어서 영어 모국어 화자인 22명의 대학생에게 제시하였다. 예를 들면 다음과 같다.

1) a. He learned to joke and became the life of the party.
   b. He learned the joke and repeated it incessantly.
   c. *Jim learned to solution but then wasn't allowed to use his calculator.
   d. Jim learned the solution but went blank when it was time for the test.
   e. The girl learned to carve but found it was more tedious than she had thought.
   f. *The girl learned the carve but hated working with the material.
   g. *Cindy learned to phream from watching her grandfather at work.
   h. *Cindy learned the phream from her ballroom dance professor.

예문 (1a, b, d, e)은 정상적인 문장이지만 예문 (1c, f)은 밑줄 친 단어가 동사 *learned*의 하부구조로서 맞지 않는 문장이고 예문 (1g, h)은 하부구조는 맞으나 밑줄 친 단어 자체가 실제 존재하는 단어가 아닌 경우이다. 이 실험의 결과 가장 큰 차이를 보인 것은 예문 (1g, h)에서 나온 가짜단어가 다른 예문들의 실제 단어보다 현저히 큰

---

[11] 통제문장이란 피험자가 실험의 목적을 알아채고 답하는 일을 가능한 한 피하기 위해서 실험문장 사이에 정해진 순서 없이 삽입하는 실험의 목적과는 관계없는 문장들을 말한다. control sentence 혹은 filler sentence라고도 한다.

N400과 P600을 보였다. N400의 진폭이 커진 것은 두뇌의 심성어휘집에서 찾으려 했으나 찾지 못했기 때문이라고 추정한다. P600의 진폭이 커진 것은 처음 보는 생소한 단어에 대한 통사적 역할을 부여하기가 어려웠기 때문으로 보인다. 또한 가짜단어 중에서는 동사로 사용된 경우가 명사로 사용된 경우보다 더 큰 N400을 유발하였다. 이것은 동사의 의미가 명사보다 복잡하다는 것과 새로 생기는 단어는 명사가 동사보다 훨씬 많다는 사실을 생각해 보면 이해가 된다.

한편, 실제 단어들에 대한 품사의 차이는 매우 적은 편이었다. 즉 *solution*과 *carve*가 각각 명사, 동사로 사용될 때는 뇌파 상에 아무런 변화가 없었다. 그러나 동사로만 사용되어야 하는 단어인 *carve*가 명사로 잘못 사용되었을 때 나타나는 반응은 명사로만 사용되어야 하는 *solution*이 동사로 잘못 사용되었을 때보다 왼쪽 전두엽에서 정반응이 (P200이라고 보는 학자도 있다) 더 크게 나타났다. 그럼에도 이러한 품사에서 나오는 반응의 차이가 곧 우리 뇌 속에 품사에 따른 다른 신경세포조직이 존재한다는 것을 의미하지는 않으며 오히려 하나의 단어가 문맥상에서 의미적으로 그리고 통사적으로 처리되는 과정에서 일어나는 상호작용으로 말미암은 것이라고 결론지었다.

그 후속연구인 Lee & Federmeier(2006)는 중의성(ambiguity)을 가진 단어에 대한 반응을 연구하였다. 실제 사용되는 단어 중에서 품사도 이중적으로 사용되고 의미도 중의성을 가진 단어를 첨가하여 26명의 대학생에게 다음과 같은 네 가지 종류의 단어를 주었다.

2) a. 품사도 둘 이상 있고 의미도 둘 이상 있을 때: 'duck'
   b. 품사가 둘 이상 있으나 의미는 하나만 있을 때: 'vote'
   c. 품사가 명사로만 쓰이고 의미도 하나일 때: 'sofa'
   d. 품사가 동사로만 쓰이고 의미도 하나일 때; 'eat'

ERP 실험의 결과 'duck'은 'vote'보다 피질 앞쪽 부분에서 250~900ms 사이에 부반응을 더 크게 보이지만 'vote'는 250~500ms 사이에서 'sofa'나 'eat'보다 정반응을 더 크게 보인다는 것을 발견하였다. 이렇게 'duck'나 'vote'와 같이 중의성이 있는 단어는 한 가지 의미와 한 가지 품사만을 가진 단어와 달리 그 문법적 사용에 따라오는 중의성을 해결하는 과정에서 차이가 있다는 것을 보여준다. 명사가 중의성에 관계없이 동사보다 더 큰 N400을 나타내고 중의성이 없는 동사가 전두엽에서 더 큰 정반응을 보인 것은 품사의 효과를 보여준다고 할 수 있다. 결론적으로 연구자들은 두뇌에서 일어나는 단어정보처리에서는 통사적 정보와 의미적 정보의 상호관계를 연구하는 것이 매우 중요하다고 주장한다. 이와 같이 우리의 뇌 속에 품사를 관장하는 별도의 신경 조직은 없다는 것이 지금까지 밝혀진 일반적 견해이다.

모국어를 습득하는 어린아이들이 이러한 품사의 차이를 어떻게 인지하는가에 대한 실험연구들이 있다. 영어를 모국어로 하는 불과 2세 전후의 어린아이들이 동사만 인식하는 것이 아니라 문장의 어순을 인지한다는 것이다(Gertner et al. 2006). 한편, Dittmar et al.(2008)은 어린아이들이 가진 추상적인 형태 구조적 지식이 과연 초기의 단어학습을 이끌 만큼 강한지는 아직 더 연구가 필요하다고 말한다. 왜냐하면, 독일어를 모국어로 하는 2세 전후의 어린아이들에게 실험한 결과 미리 연습을 시킨 아이들만 어순을 제대로 구사할 수 있었다는 것이다.

또 다른 연구에 따르면 영어를 모국어로 하는 두 살 난 아이들이 명사를 새롭게 배울 때에는 형태-통사적 지식을 사용할 수 있지만 동사를 새로 배울 때에는 그렇지 못하다고 한다. 그러나 Oshima-Takane et al.(2009)은 20개월이 된 아이들이 새로운 동사를 배울 때에도 그런 지식을 사용할 수 있다는 연구를 내고 있다. 일본어를 모국어로 하는 어린아이들은 16개월 된 아이는 동사의 경우에만 형태-통사적 지식을 사용할 줄 알지만 20개월 된 아이는 명사와 동사 모두에서 그러한 지식을 사용할 수 있다는 보고를 하였다. 따라서 16개월과 20개월 사이에 단어구사에 대한 능력에 중요한 변화가 일어난다는 주장을 하였다.

이러한 연구들을 보면 언어에 따라 어린아이들이 동사에 먼저 반응하기도 하고 명사에 먼저 반응하기도 한다. 영어, 독일어, 일본어를 가지고 한 실험의 결과가 세부적인 사항이 조금씩 다르다는 것을 보았다. 그러나 결과를 종합하면, 모국어를 습득하는 아이들이 대체로 2세가 지나면 자기 모국어의 어순을 따라 명사와 동사를 구사할 수 있다고 볼 수 있다.

그러면 성인이 된 모국어 화자는 새로운 단어를 어떻게 습득하는 것일까? Mestres-Missé(2007)은 모국어 화자는 적절한 문맥에서 세 번 노출되면 두뇌에서는 본인이 의식하지 않아도 그 단어의 습득이 이루어진다고 주장하였다. 또한, 문맥에서 처음 보는 단어를 보고 그 의미를 파악하는 신경망은 BA 45와 BA 21, 해마(hippocampus) 부근과 시상하부(hypothalamus) 쪽이라는 것을 발견하였다. 한편, 최신 연구에 따르면 세 번이 아니라 단 한 번이라도 강한 연관성을 주는 문맥(strongly constrained context)에 노출되면 새로운 단어를 배우게 된다고 한다(Borovsky et al., 2008, 2010). 그러나 일단 습득된 단어가 심성어휘집에 어떻게 견고하게 자리 잡게 되는가에 대한 연구는 더 이루어져야 하겠다.

한편, 단어에 대한 정보를 사용하는 데 좌반구와 우반구의 역할이 어떻게 다른지에 대한 연구가 있다. Federmeier et al.(2005)은 우반구에 주어진 단어의 처리가 핵심적 의미를 위해 상황적 정보를 사용하는지 혹은 하지 않는지를 알고자 32명의 대학생에게 다음과 같은 자료 160쌍을 보여주고 문장의 끝에 나오는 단어에 대해 의미적 처리가 양쪽 뇌에서 어떻게 이루어지는지 ERP 실험을 하였다.

3) a. She was suddenly called back to New York and had to take a cab to the *airport*.
   b. She was glad she had brought a book since there was nothing to read at the *airport*.

문장 (3a)에서 *airport*는 문장의 상황을 보면 꼭 나옴직하다. 갑자기 뉴욕이라는 큰 도시로 가야 할 때 택시를 탔다는 것은 공항으로 갈 가능성이 가장 크다. 그러나 문장 (3b)에서는 다른 단어로 대체될 수 있는 상황이다. 예를 들어 *airport*라는 단어 대신에 시간의 공백이 있을 때 책을 읽을 수 있는 장소가 될 가능성이 있는 *hotel*이나 *hair salon*을 사용해도 어색한 문장이 되지 않는다. 다른 말로 하면 문장 (3a)의 경우는 문맥(context) 효과가 강한 경우이고 (3b)의 경우는 문맥효과가 약한 경우이다. 실험 결과 N400이 양쪽 뇌에서 거의 같이 나타났다. 이것은 의미처리의 과정에서 좌·우반구가 상황적 정보를 같이 사용한다는 것을 의미한다. 다만 좌반구는 개념적 특성을 파악하여 앞으로 나타나야 할 단어를 예상하는 일에 상황적 정보를 사용하고 우반구는 그것을 종합하는 일에 상황적 정보를 사용하는 것으로 추정하였다. 결론적으로 영어 단어의 의미파악은 양쪽 뇌의 협동으로 이루어진다는 것이다.

2. 제2언어의 단어정보

제2언어 학습자는 단어정보를 처리할 때 모국어와 같은 방법으로 처리하는지 아니면 다른 방법으로 처리하는지에 대한 연구가 있다. 먼저 다르게 처리한다는 주장을 보자. Silva & Clahsen(2008)에 따르면 제2언어로 영어를 배우는 학습자는 모국어 습득자와 다르게 뇌 속에서 형태적 처리(morphological processing)를 하지 않는다고 한다. 차폐점화(masked priming)[12]실험을 통하여 나온 결과는 영어 학습자는 굴절접사(inflectional affix)에 대해서는 점화효과(priming effect)를 보이지 않고 파생접사(derivational affix)에 대해서만 약간의 점화효과를 보인다는 것이다.13 점화효과를 보인다는 것은 그 단어를 분해하여 형태적 구조에 대한 규칙을 사용한다는 것을 의미한다. 또한 점화효과를 보이지 않는다는 것은 심성어휘집에 통째로 저장하였다가 기억에서 인출하여 사용한다는 것을 의미한다. 즉 제2언어 학습자는 어휘나 변형된 어휘를 형태적 처리과정을 거쳐 처리하지 않고 대부분 기억체계에 의존하고 있다는 것이다.

또한, 이러한 현상은 제2언어 학습자의 모국어가 무엇이냐에 따라 차이가 없다고 한다. 다만, 반응속도만 다를 뿐이라는 것이다. 예를 들어, 중국어를 모국어로 하는 제2언어 학습자는 독일어를 모국어로 하는 학습자보다 영어 단어에 대한 반응속도가 약간 느리다. 그러나 영어의 숙달도가 높아짐에 따라 모국어의 어휘창고를 통한 입력이 줄어들고 직접적인 개념 처리가 가능해진다. 사춘기 이후에 영어를 시작한 학습자도 숙달도가 높은 사람은 단어처리에 관한 한 어릴 때부터 시작

---

12 차폐점화(masked priming)는 점화의 한 방법이다. 피험자의 어휘에 대한 인식을 열기위하여 표적단어를 주기 직전에 매우 짧은 시간동안(30~60ms) 전광석화와 같이 표적단어와 같은 단어를 주거나 혹은 다른 단어를 보여주는 기법을 말한다. 보통 500ms동안 +나 *와 같은 표시(mask)를 준 다음 (혹은 전체단어를 한꺼번에 노출시키는 경우도 있다) 50ms간 점화자극(prime)을 주고 마지막에 500ms동안 표적자극(target)을 준 후에 반응 속도를 재거나 ERP실험을 한다.

13 접사는 접두사와 접미사로 이루어진다. 굴절접사는 동사나 명사 등에 붙는 접미사의 형태로 나타나고 품사를 바꾸지 않으며(예: walked, wishes) 파생접사는 접두사나 접미사의 형태로 어간에 붙어서 품사를 바꾼다.(예: enable, kindness)

한 학습자나 원어민과 비슷한 반응 시간을 보인다.

한편, Ulman(2001, 2004)은 제2언어 학습자와 모국어 습득자는 어휘를 다른 곳에 저장하고 있다는 주장을 하였다. 즉 모국어 습득자는 대부분 어휘를 절차 기억(procedural memory)에 담고 있지만 제2언어 학습자는 모국어 습득자와 달리 모든 어휘를 서술적 기억(declarative memory)에 가지고 있다는 것이다.[14]

그러면 어휘에 학습자와 습득자의 공통점은 없는가? fMRI 연구에 따르면 어휘에 모국어 습득자나 제2언어 학습자 모두 같은 부위가 비슷한 정도로 활성화되며 어휘력이 증가하면 두정엽 부분에서 회백질(grey matter)의 밀도가 증가한다고 한다. 문법에 대해서는 다른 부위가 활성화된다는 것이 일반적 견해이지만, 어휘에 대한 것은 문법과 달리 뇌의 같은 부분이 활성화되고 어휘력이 증가하는 현상도 습득자와 학습자에게 공통으로 일어난다는 것이다.

이처럼 어휘에 대해서 제2언어 학습자가 모국어 습득자와 같은 부위가 활성화된다는 연구는 다른 면에서도 지지를 받고 있다. 모국어 습득에서 음운론적 규칙이나 형태 통사적인 규칙은 은연중에 습득되지만 단어들의 의미는 의식적으로 학습하게 되므로 어휘 습득은 통사와 문장 구조의 습득과는 별개라고 주장한다. 그에 대하여 여러 가지 근거를 제시하는데, 예를 들면, 침팬지나 고릴라도 신호화된 어휘를 상당히 많이 습득할 수 있고, 태어나서부터 언어자극을 전혀 받지 못한 아이도

---

[14] 기억에 관한 것은 9장에서 자세히 다룬다.

통사적인 능력은 거의 없으나 매우 많은 단어를 배울 수 있다고 한다.

반면에, 최근 Kim et al.(2011)은 다른 주장을 하고 있다. 평균 30대 중반의 한국 성인을 대상으로 우리말 단어와 영어단어의 재인 과제를 주고 fMRI 검사를 한 결과 서로 다른 곳이 활성화된다는 것이다. 영어 숙달도가 초·중급인 피험자들은 영어단어에서 훨씬 넓은 부위가 활성화되는데 특히 우리말 단어를 처리할 때보다 우반구와 소뇌, 그리고 시각 피질이 많이 활성화된다. 이것은 영어 숙달도가 그리 높지 않은 한국인이 영어단어를 처리할 때에는 좌반구와 우반구를 다 사용하고 비언어피질에서 시각적 분석을 한다는 증거이다. 그러나 중국인을 피험자로 한 다른 연구에서 영어 단어 재인시에 같은 부위가 활성화된다는 주장은 아마도 중국 한자 자체가 시각적 처리를 하기 때문이라고 추정하고 있다. 이러한 다른 주장은 언어의 개별적 특성과 작업기억에서 일어나는 제2언어 처리를 어떻게 구분해 낼 수 있는지를 알려면 더 많은 연구가 필요하다는 것을 의미한다.

그러면 제2언어 학습자는 단어 습득은 어떻게 이루어지는가? 이 문제에는 여러 가지 주장이 있다. 먼저 Nation(2001)은 제2언어의 어휘는 독해를 통한 부산물로 부수적으로 습득된다는 주장을 하였다. 그러나 텍스트에서 마주치는 많은 단어가 실제로 습득되는 것은 아니라는 관찰이 많이 있다. 한편 McLaughlin, et al.(2004)은 영어를 모국어로 하는 대학생들에게 불어를 처음 가르친 결과 14시간 동안 대학에서 강의실 수업을 받은 후부터 실제 단어와 가짜 단어를 뇌에서 구분한다는 결과를 보여 주었다. 그뿐만 아니라 Mestres-Missé(2007)는 제2언어

학습자도 모국어 습득자와 마찬가지로 적절한 문맥에서 그 단어에 세 번 노출되면 그것을 학습한다고 한다. 이것은 단어 학습에 문맥의 영향이 매우 크다는 것을 의미하기도 한다.

한편, 문맥상에서 여러 번 마주쳐도 학습되지 않는 단어가 많다는 관찰을 하고 다른 주장을 하기도 한다. 문장을 읽는 동안 단어의 의미를 추론하는 것이 직접적으로 혹은 자동적으로 어휘 학습이 일어나게 하지는 않는다는 주장이다(Rieder, 2002). 그러므로 L2 어휘 학습은 먼저 문맥상에서 그 의미를 추론하는 단계를 거치고 나서 그것이 단어의 외연적 의미(denotational meaning)로 전환이 이루어져야 하고 마지막으로 단어 형태를 암기하고 형태-개념 구조와 연결하는 과정이 있어야 어휘창고에 내재될 수 있다는 것이다.

어휘 학습을 언제부터 어떤 방법으로 해야 하는지에 대한 것은 계속되어야 할 연구과제로 남는다. 그러나 어휘 학습을 위해서는 강하게 한정되는 맥락 속에서 새로운 어휘에 노출시키는 것이 바람직하다는 점은 많은 연구가 시사하는 방법임에 틀림이 없다.

3. 영어교육에 적용하기

지금까지 단어에 관해 밝혀진 신경언어학적 결과들을 보면 영어교육과 연결하여 몇 가지 제안을 할 수 있다. 첫째, 영어교육에서 문법적 능력과 어휘력은 별개로 취급하는 것이 옳은 것 같다. 이 점을 인식하는 것이 영어 교육자로 하여금 가르치는 방법에 대해 다른 전략을 생각하게 하고 학습자에게도 그에 따른 학습 전략을 세울 수 있게 할 것이다.

둘째, 영어를 처음으로 배우는 아이들에게 어휘를 늘려나가는 방법의 하나로 시도할 만한 것인데, 단어의 종류를 다음과 같이 세 가지 수준으로 나누어 어휘교육에 사용할 수 있다.

4) a. Basic level : dog, apple, boat
   b. Superordinate level : animal, fruit, vehicle
   c. Subordinate level : terrier, Granny Smith,[15] canoe

일찍이 Eleanor Rosch의 이론에 따른 이 분류는 잘 알려져 있다. 아기들이 20개월만 되어도 basic level의 단어에 대하여 의미적인 개념을 가지고 있다는 주장이 있다(Torkildsen, et al. 2006). 한편, basic level이 아니라 superordinate level을 먼저 인식한다는 주장도 있다. 어느 level의 것을 아이들이 먼저 인식하는가의 문제보다는 영어 교육자가 이 세 가지 분류를 인지하고 영어 어휘 교육에서 활용하는 것이 더 중요하다고 본다.

셋째, 단어를 가르칠 때 단어 자체의 암기를 강조할 것이 아니라 문장의 맥락에서 해당 단어가 반드시 와야 하는 문맥을 이해시키는

---

[15] Granny Smith apple은 호주에서 19세기말에 잡종교배로 태어난 연두색 빛을 띤 사과를 가리키며 직접 먹거나 파이를 만들 때 많이 사용된다.

것이 더 효과적임을 알 수 있다. 다만, 문맥상으로 몇 번 노출시키는가 하는 문제는 L1은 세 번이라는 연구결과에 따라 우리는 세 번 이상이라고 해야 하겠다. 그러나 그렇게 습득한 단어가 안정적으로 어휘창고에 남아 있도록 하려면 또 다른 방법을 생각해야 할 것이다. 학습자가 직접 문맥에 넣어서 그 단어를 세 번 이상 사용하도록 하는 방법을 제안해 본다.

넷째, 굴절 접사와 파생 접사에 대한 구별을 학습자에게 처음부터 인식시킬 필요가 있다. 즉 복수어미와 3인칭 단수 현재형 어미, 과거형 어미 등과 같은 굴절어미, 그리고 품사를 바꾸는 파생접미사와 접두사에 대한 기본적인 규칙과 형태를 분명하게 가르칠 필요가 있다.

마지막으로 영어단어에서 품사나 의미가 두 가지 이상으로 사용되는 중의어(ambiguous words)의 경우가 매우 많은데 이 문제를 교육자가 인식하고 별도의 수단을 취해야 한다. 예를 들어, bar, bear, crush, duck, floor, mind, mug, page, park, rock, season, sentence, spell, stand, stick, swallow, tire, track, trip, watch 등 영어의 수많은 단어가 문장의 어느 위치에 오는지 혹은 어떤 문맥에 사용되는지에 따라 그 품사와 의미가 달라진다. 이와 같은 자료를 영어교육자가 빈도수가 높은 것부터 준비하여 조금씩 학습자에게 입력시킬 것을 제안한다.

§ 요약

이 장에서는 신경언어학에서 단어정보의 처리에 관하여 제1언어와 제2언어의 처리 과정이 공통점이 많다는 것을 보여주었다. 차이점은 제2언어 학습자는 단어의 어미를 처리하는 과정에서 분해하여 기억하기보다 통째로 기억하는 경향이 높다는 점이다. 그러나 제1언어 습득자도 제2언어 학습자와 마찬가지로 단어 습득에서 서술적 기억을 많이 사용한다는 점은 우리에게 단어 학습에 대한 긍정적인 생각을 하게 한다. 또한 단어가 심성어휘집에 안정되게 있도록 하려면 강하게 한정되는 맥락 속에서 새로운 어휘에 노출시키는 것이 바람직하다는 점도 공통적이다. 이와 같은 근거에서 영어 교육에서도 단어에 대한 학습을 문장 구조의 학습과는 다른 수단을 취할 것을 제안하였다.

□ 핵심 단어 □

심성어휘집(mental lexicon)
단어 재인(word recognition)
점화(priming) / 차폐점화(masked priming)
가짜 단어(pseudo-words)
굴절접사(inflectional affix) / 파생접사(derivational affix)
강하게 한정되는 맥락(strongly constrained context)

제7장 문장의 처리과정

우리의 뇌가 문장을 읽거나 들을 때 그것을 어떻게 처리하는지에 대한 논의는 매우 중요하고도 복잡한 문제이다. 문장은 반드시 어떤 구조로 되어 있고, 우리는 그러한 문장을 단위로 하여 의사소통을 할 수 있는 능력을 갖추고 있다.

Fitch & Hauser(2004)는 진화상으로 인간에게 일어난 가장 중요한 언어능력의 발현은 계층적 구조(hierarchical structure)를 다룰 수 있는 능력을 갖추게 된 것이라고 한다. 언어 능력에서 원숭이와 인간의 차이점을 말하자면, 원숭이는 단순히 단어들이 일렬로 나열된 유한상태문법(finite-state grammar, FSG)은 배울 수 있으나 계층적인 구조를 가진 구구조문법(phrase-structure grammar, PSG)은 배울 수 없다는 것이다. 반면에, 인간은 태어나면서부터 구구조문법을 알고 실행할 수 있는 능력을 보유하고 있다. 과연 이러한 차이는 신경언어학 연구에서도 밝혀지고 있다. ERP 실험의 결과 FSG의 위반은 P300을 일으키지만 PSG의 위반은 P600 등과 같이 다른 컴포넌트를 일으킨다고 한다.

신경언어학에서 문장의 처리에 대한 관심은 몇 가지로 나누어 볼 수 있다. 첫째, 문장의 처리에서 문장의 구조를 인지하는 것과 그 문장의 의미를 아는 것이 구별되는 것인가 아니면 동시에 혹은 차례로 일어나는가에 대한 관심이다. 둘째, 모국어 문장의 처리와 제2언어의 문장 처리는 같은 것인가 혹은 다른 것인가에 대한 관심이다. 이 장에서는 문장 처리 모델과 이와 같은 관심에 대한 연구 결과를 소개하고 우리의 영어 교육에 도움이 되는 제안을 찾을 수 있는지를 논의한다. 그러나 두뇌에서 일어나는 언어 처리 과정에서 언어능력(linguistic competence)과 언어수행(linguistic performance)을[16] 구별해 낼 수 있는가 하는 문제는 앞으로 계속 연구되어야 할 과제로 남아 있다. 문장의 통사구조와 의미해석이 언제 어디에서 일어나는지에 관한 연구와 더불어 어떻게 일어나는지에 대한 연구, 즉 언어처리의 회로(circuit)에 관한 연구 또한 앞으로의 과제라고 하겠다.

1. 제1언어의 문장정보

문장은 단어와 그 단어로 이루어진 구의 계층적 관계에 따라 이루어진다. 다음은 'John loves Mary'라는 매우 간단한 문장의 구조를 보여준다.

---

[16] Chomsky(1965)에 따르면, 언어능력이란 모국어 화자가 그 모국어에 대하여 기저에 가지고 있는 본유적인 지식을 의미하고 언어수행은 구체적인 환경에서 언어의 실제적인 사용을 의미한다. 언어수행은 언어능력의 불완전한 반영인 경우가 많다.

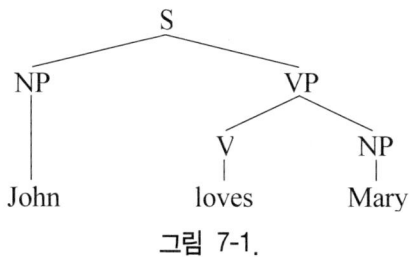

그림 7-1.

이러한 문장이 뇌에서 어떻게 처리되는지를 Grodzinsky & Friederici (2006)는 fMRI, EEG, MEG를 사용한 연구에 근거하여 다음과 같이 뇌의 처리 과정을 나타내는 지도를 제안하고 있다.

1) Formal Syntax Map(FSM)

인간이 가진 통사적인 지식의 구성요소가 뇌 속에서 각각 다른 부위에 존재한다고 가정한다. 즉 통사론의 하위 요소인 어휘부(LEX), 병합(MERGE), 최대범주 이동($MOVE_{XP}$), 동사이동($MOVE_V$), 결속(BIND) 등이 다음과 같이 뇌의 다른 장소를 활성화한다.

통사적 지식의 운용	활성화 영역
LEX	?
MERGE	?
$MOVE_{XP}$	L-IFG(left inferior frontal gyri) R-STS(right superior temporal sulcus) L-STS(left superior temporal sulcus)
$MOVE_V$	L-SFG, L-MFG(left middle frontal gyri)
BIND	R-MFG, L-SFG, L-OG(left orbital gyri)

2) Language Processing Map(LPM)

문장구조가 뇌 속에서 어떻게 만들어지고 이해되는가에 대한 처리 체계의 하위요소가 각각 존재한다고 보며 다음과 같은 세 가지 단계를 가정하고 있다.

> Phase 1: 국소적인 구구조(local phrase structure)를 형성한다. 그 부위는 상측두회(STG)의 앞부분과 Broca영역 근처에 있는 하전두회(IFG)의 전두판개(frontal operculum)이다.
> Phase 2: 의문문이나 관계절 등의 연산과 관계된 것을 처리한다. 그 부위는 브로카 영역(BA 44/BA 45)이다.
> Phase 3: 문장구조에 대한 재분석이나 종합, garden path문장이나 비문법적인 문장을 처리한다. 그 부위는 측두엽의 STG 부분이다.

연구자들은 FSM에서 어휘부와 병합이라는 통사적 지식이 fMRI상으로 뇌의 어느 부분을 활성화하는지에 대해서는 대답을 주지 않지만 LPM에서 첫 단계인 국소적 구구조 형성에서 활성화하는 부분과 관계가 있지 않을까 라는 추측을 해 볼 수 있다. 이 연구는 통사적 처리에서 브로카 영역의 역할을 확인시켜 주는 한편 좌반구에서 브로카 영역의 주변 부분 그리고 우반구도 일하고 있음을 보여준다.

신경언어학 연구에서는 문장의 통사적 처리에 대한 연구뿐만 아니라 모국어 화자의 문장정보를 다루는 연구도 매우 풍부하다. 여기에서는 그 가운데에 주로 영어, 일어, 독일어에 대한 연구를 정리하고자 한다.

먼저 영어에 대한 연구를 보기로 하자. 영어의 문장정보 가운데 ERP 연구에서 가장 많이 다루고 있는 분야 중의 하나는 일치(agreement)의 문제이다. 일치에는 주어-동사 일치, 수(number)의 일치, 성(gender)의 일치, 대용사(anaphor)[17]-선행사의 일치가 있다.

Osterhout et al.(1995)은 몇 가지 일치의 문제에 대하여 뇌에서 어떠한 반응을 보이는지를 알아 보려고 L1이 영어인 16명의 대학생에게 다음과 같은 자료를 제시하고 ERP 실험을 시행하였다.

3) a. The elected officials *hope/hopes* to succeed.
   b. The hungry guests helped *themselves/himself* to the food.
   c. The successful woman congratulated *herself/himself* on the promotion.

주어-동사의 일치를 다룬 문장 (3a)의 경우는 문법적 판단을 할 때에나 그냥 읽을 때에나 마찬가지로 P600이 발생하였다. 그러나 대용사-선행사에서 수의 일치를 다룬 문장 (3b)와 성의 일치를 다룬 문장 (3c)의 경우에는 문법적 판단을 할 때에는 P600을 보였으나 읽을 때에는 N400과 비슷한 반응을 보였다. 문장 (3b)와 (3c)를 읽을 때 단어와 의미에 관계되는 N400과 비슷한 것이 나타난다는 것은 이것을 처리할 때 뇌가 의미적인 것을 고려했다는 것을 시사한다. 이것은 이론 언어학의

---

[17] 대용사란 그 자체가 어떤 대상을 지시할 수 있는 능력을 갖추지 못하고 항상 다른 요소(여기에서는 선행사를 말함)를 통해 그 지시대상이 분명해지는 단어로서 대명사류와 -self, each other 등을 가리킨다.

통사론에서 대용사의 문제를 다루는 결속이론(Binding Theory)이 의미론적인 문제를 다루고 있다는 것을 보여주는 단면이기도 하다.

한편, Phillips(1995)는 영어를 모국어로 하는 어린아이들이 가지고 있는 문장에 대한 지식을 연구하였다. 2세 정도의 어린아이들이 사용하는 문장 중 60% 이상에서 다음과 같이 시제의 굴절어미를 생략한 동사의 원형을 들을 수 있다.

4) The cat *like* the fish.

만일 성인이 위의 문장을 발화한다면 like를 likes나 liked로 표현할 것이 틀림없다. 그러나 이 시기의 아기는 엄마가 옆에서 올바른 문장을 말해주어도 같은 실수를 반복한다. 또한 그 실수는 대부분이 생략(omission) 때문에 일어나는 것이지 like 대신에 likes를 사용하는 것과 같은 대체(substitution)로 말미암은 실수는 거의 없다. 즉 아기들은 Ernie likes chocolate 이나 Ernie like chocolate 라는 말은 하지만 I likes chocolate 라는 말은 하지 않는다는 것이다. 이런 현상은 아기들이 두뇌 속에 통사적 언어능력이 부족해서가 아니라 실제사용에서 형태적 실현에 대한 경험부족으로 미숙하기 때문이라는 것이다. 이러한 실수는 결국 사라지게 되는데, 언어경험이 많아짐에 따라 5세 전후에 바른 형태를 사용하게 된다. 다른 말로 하면 2세 아기들은 문장구조에 대한 언어능력은 갖추고 있으나 언어수행에서 실수하고 있다는 것이다. 한편, Wexler 교수는 어린아이들의 문법 자체가 미성숙하기 때문이라고 주장하면서 어린아이들이 항상 보편문법에 접속되어 있으므로 일관성을 보이지만 어른 문법과는 조금 다른 원리의 적용을 받는다고 말한다.

　최근의 한 연구는 4세의 아이들도 결속이론18 (B)를 인지하고 준수한다는 주장을 하고 있다(Conroy et al. 2009). 또한, 읽기 검사와 눈동자 이동 탐색을 통한 연구에 따르면 대명사가 문장에 나타나면 그 순간부터 선행사의 탐색이 시작되어 계속된다고 한다. 만일 결속이론에 대한 위반이 일어나면 아예 탐색 대상으로 하지 않는다고 한다. 이것은 우리의 뇌 속에 결속이론에 대한 것이 실체로서 존재한다는 주장을 뒷받침한다. 그뿐만 아니라 결속이론(A)19와 부정극어 허가이론20

---

[18] 결속이론이란 Chomsky가 1980년대 초에 내놓은 명사류와 그 선행사와의 관계를 다루는 이론으로서 그는 이것이 보편문법의 일부라고 제안하였다. 그 중에서 (B)는 대명사에 관한 것으로 다음과 같다: "대명사류는 그의 지배범주 내부에서 자유로워야한다" 예를 들면 John believed [that he hit Mary]에서 John과 he는 같은 사람을 가리킬 수 있으나 [John believes him to be intelligent]에서 John과 him은 같은 사람을 가리킬 수 없다. 왜냐하면 두 문장에서 [ ]가 각각의 지배범주이고 대명사는 지배범주 내부에 있는 명사를 가리킬 수 없기 때문이다.

[19] 결속이론 (A)는 himself와 같은 재귀대명사나 each other와 같은 명사의 선행사를 찾는 이론이다.

[20] 부정극어 허가 조건은 두 가지이다. 부정어(negative word)가 ever, any, lift a finger와 같은 극어보다 앞에 있어야 한다는 것과 부정어가 극어를 c-command 해야 한다는 것이다. 예를 들면 No professor will ever say that.은 no가 ever보다 앞에 있고 또한 no가 ever를 c-command하고 있으므로 문법적인 문장이다. 그러나 The professor that no student likes will ever say that.이 비문인 이유는 no가 ever보다 앞에 있기는 하지만 no가 ever를 c-command하지 못하기 때문이다.

또한 우리 뇌에서 별개의 것으로 인지한다는 연구가 있다. 이 두 가지 이론을 위반한 경우에 대하여 ERP 검사를 해 본 결과 P600의 파형이 다르게 나타났다는 것이다(Xiang et al., 2009).

그러면 모국어를 습득한 성인이 문장을 들을 때는 언제부터 어떻게 의미를 분석하는 것일까? 그들은 문맥상으로 얻은 정보를 바탕으로 다가오는 단어나 의미정보를 다 듣지 않고도, 즉 첫소리만 듣고도 의미 분석을 시작한다고 한다. 언어이해에서 우리의 뇌는 여러 가지 전략을 구사한다고 보겠지만, 특히 문맥의 중요성이 매우 강조되는 부분이다. 최근에 나온 한 연구에 따르면 문맥에서 얻은 정보를 단어에서 구로 그리고 문장으로 확대하고 종합하는 데 사용할 뿐만 아니라 앞으로 들어옴 직한 단어들을 활발하게 준비하는 데에도 사용한다는 것이다. 또한 문맥은 문장에서 앞에 나오는 요소를 보고 단어의 품사와 의미를 예상하는 일을 담당하기도 한다.

우리의 두뇌는 문맥 이외에 어순 전략도 사용하는 것으로 보인다. L1이 영어인 대학생들과 히브리어가 L1인 대학생들을 피험자로 하여 5~8단어로 구성된 간단한 구조를 가진 문장을 가지고 실험한 결과[21] 두 그룹 간에 문법적 역할에 대한 처리는 비슷했으나 두 그룹 모두 최고점에 도달하는 시간에서 술어가 주어보다 길었다(Leikin, 2008). 이것은 피험자들이 주어보다는 술어를 중심으로 문장을 처리했다는 것을 의미한다. 또한 P100, P200, P600에서 진폭이 증가한 것으로 보아

---

[21] 영어는 어순이 고정되어 있지만 히브리어는 어순이 유동적이며 파생형태소가 많이 붙어 있다.

어순전략을 사용한 것으로 결론지었다.

  1990년대에 P600이 발견된 이후로 P600이 통사적 위반이 있을 때 나타나는 뇌파임에는 틀림이 없지만, 과연 문장 구조에만 반응하는 것인지 다른 일반적인 인지와 복합적으로 나타나는 것인지에 대하여 다른 주장이 있다. Phillips et al.(2005)은 다음과 같이 160개의 실험문장과 320개의 통제문장을 제시하고 filler와 gap 사이에 거리 효과가 어떻게 나타나는지를 알기 위해 실험하였다. 아래 실험문장에서 보면 의문사가 있는 *which accomplice*와 타동사 *recognize* 사이에 한 개의 절이 있거나 두 개의 절이 들어 있다.

5) a. 단거리 의존 구문/ 의문사가 없는 문장

    The detective hoped that the lieutenant knew that the shrewd witness would <u>recognize</u> the accomplice in the lineup.

b. 단거리 의존 구문/ 의문사가 있는 문장

    The detective hoped that the lieutenant knew <u>which accomplice</u> the shrewd witness would <u>recognize</u> in the lineup.

c. 장거리 의존 구문/ 의문사가 없는 문장

    The lieutenant knew that the detective hoped that the shrewd witness would <u>recognize</u> the accomplice in the lineup.

d. 장거리 의존 구문/ 의문사가 있는 문장

    The lieutenant knew <u>which accomplice</u> the detective hoped that the shrewd witness would <u>recognize</u> in the lineup.

20명의 피험자를 대상으로 실험한 결과 P600은 통사적인 위반이 없는 정상적인 문장의 처리가 완료되는 시점에서도 나타났다. 피험자들은 오히려 그 문장의 존재 여부에 더 민감하고 filler와 gap 사이의 거리에는 민감하지 않다는 것을 보여주었다. 또한 filler와 gap 사이의 거리에 따라 P600이 진폭의 변화를 보이는 것이 아니고 의문사가 들어 있는 장거리 의존 구문의 경우에서만 P600이 늦게 나타난다는 것을 보여주었다. 장거리 의존 구문에서 의문사가 나타나면 뇌의 앞쪽에서 지속적인 부반응(sustained anterior negativity, SAN)이 나타나는데, 이러한 현상은 우리의 뇌가 의문사를 보면 그것의 gap을 찾을 때까지 작업 기억에서 그 미완성의 관계를 유지하는 비용이 들기 때문이라는 것이다.

이제 좀 더 다양한 영어의 구문과 P600의 관계에 대한 연구를 보기로 한다. Gouvea et al.(2010)은 영어의 세 가지 구문을 가지고 연구하였다. 그들은 영어가 L1인 20명의 대학생과 대학원생을 피험자로 하여 다음과 같이 5개의 문장을 한 세트로 하여 각 피험자에게 180세트의 문장을 제시하였다.

6) a. wh-구가 없고 문법적인 문장 (통제문장)
    The patient met the doctor *while* the nurse with the white dress <u>showed</u> the chart during the meeting.
  b. wh-구가 없고 비문법적인 문장
    The patient met the doctor *while* the nurse with the white dress <u>show</u> the chart during the meeting.

c. wh-구가 있고 문법적인 문장

The patient met the doctor *to whom* the nurse with the white dress showed the chart during the meeting.

d. wh-구가 있고 비문법적인 문장

The patient met the doctor *to whom* the nurse with the white dress show the chart during the meeting.

e. garden path sentence[22]

The patient met the doctor *and* the nurse with the white dress showed the chart during the meeting

이 실험의 결과 5개의 문장에서 P600은 모두 나타나고 그 모양도 비슷하나 그것이 나타나는 시점과 장소, 진폭 등에서 차이를 보였다. 600~700ms에 후두엽 중간 자리인 P_z에 나타나는 P600을 보면, 예문 (6d)와 같은 경우가 가장 진폭이 크고 그다음은 예문 (6b)와 같은 경우이다. 즉 P600은 문법적인 문장보다 비문법적이면 진폭이 커지는데 wh-구가 있는 경우에 비문이 되면 진폭이 더욱 커진다는 것을 알 수

---

[22] garden path sentence라 함은 그 문장을 읽을 때 오인할 수 있는 가능성이 매우 높은 구조를 가지고 있으므로 다시 그 구조를 생각해야만 바른 의미를 알게 되는 문장을 가리키는 용어이다. 가장 대표적인 예문은 The horse raced past the barn fell. 이지만 지금은 이런 종류의 문장을 총칭하는 용어로 쓰인다. 오도문 혹은 길 혼동 문장이라고도 번역된다. 여기에서는 and 다음에 나오는 the nurse with the white dress가 the doctor와 마찬가지로 동사 met의 목적어로 생각되지만 showed라는 술어를 보는 순간 우리의 뇌는 이 문장의 구조를 재분석하여 the nurse를 가진 명사구는 showed의 주어가 되어야 한다는 것을 파악한다. 즉 and를 두 개의 절을 잇는 접속사로 이해하고 바른 해석을 하게 된다.

있다. 세 번째로 P600의 진폭이 큰 경우는 garden path 문장인 (6e)이고 그 외 예문 (6c)와 예문 (6a)의 순서대로 진폭의 크기가 나타났다. 문법적인 문장 중에서는 wh-구가 있는 경우가 없는 경우보다 P600의 진폭이 크게 나타나는 것을 볼 수 있다. 즉 P600의 진폭이 큰 순서대로 보면, wh-구가 있는 비문, wh-구가 없는 비문, garden path 문장, wh-구가 있는 정문, 그리고 wh-구가 없는 정문의 순서이다.

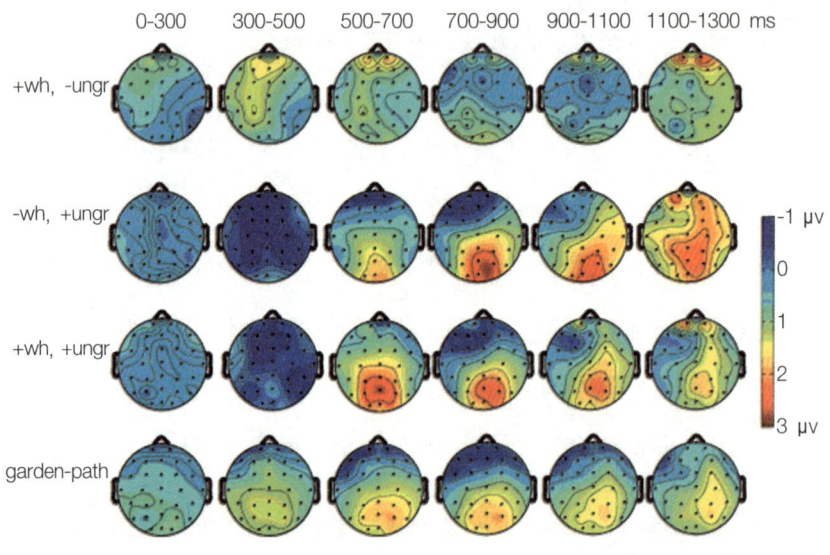

그림 7-2. Gouvea et al. 2010: Figure 6

위 그림을 보면 후두엽에서는 wh-구가 있는 비문은 그것이 없는 비문보다 500~700ms에서 더 강하게 반응이 나타나지만 그 강도가 시간이 지나면서 약해지고 둘 다 전두엽이 활성화한다. 그러나 예외적으로 garden path 문장은 전두엽의 활성화가 일어나지 않는다. 특히 300~

500ms 사이에 비문은 전두엽에서 anterior negativity(AN)를 보이지만 garden path 문장은 이것을 보이지 않는다고 한다. 그 이유에 대하여 몇 가지 설명이 가능하나 아직 명확하게 밝혀지지 않고 있다.

P600의 존재와 문장 구조와의 연관성에 대해서는 학자 간에 이견이 없으나 문장의 조건에 따라 P600이 두피의 어느 부분에 분포하는가는 논란이 많은 편이다. 재분석이나 수정(revision)을 필요로 하는 garden path 문장과 정정(repair)을 필요로 하는 비문법적인 문장 둘 다 후두엽 쪽에 P600이 나타난다는 연구결과가 있다. 반면에 전두엽 쪽에 나타나는 P600은 통사적 복잡성이나 담화상의 복잡성을 나타낸다는 주장도 있다. 즉 문법적 판단에 모호성이 있으면 그 문장의 결정적인 요소에서 전두엽에 P600이 나타난다는 것이다(Kaan & Swaab, 2003). 이러한 연구들을 종합해 보면, L1 습득자도 통사적으로 복잡하고 wh-구가 들어 있고 길이가 긴 문장을 두뇌에서 처리할 때에는 그렇지 않은 때보다 비용이 많이 들게 된다는 것이다.

다음은 일본어를 자극으로 사용한 일련의 연구를 보자. Sakai(2005)는 *Science*지에 실린 논문에서 그 동안의 연구들과 동경대학에서 일본어를 자료로 한 연구들을 종합하여 다음과 같이 정리하고 있다.

7) a. 단어의 음운적 처리는 좌・우반구의 BA 22(베르니케 영역)와 관련이 된다.
 b. 단어의 의미적 처리는 좌반구의 외측구 뒤/위쪽에 해당되는 대상회와 상변연회(supramarginal gyrus, SMG)와 관련이 된다.

c. 문장 해석을 위하여 의미정보를 선택하고 종합하는 일은 BA45
와 BA47과 관련이 된다.
d. 문법적 처리는 수화하는 사람이나 말하는 사람이나 같은 부분
이 활성화된다.
e. 문법적 처리는 BA 44와 BA 45 그리고 BA 8의 후면과 관련이
된다.

Sakai 교수는 좌반구 IFG의 F3op(BA 44)와 F3t(BA 45)를 "grammar center"라고 부른다. 여기에서 전통적으로 생각해 오던 브로카영역과 베르니케영역의 역할에 대하여 전자는 언어의 생산(산출), 후자는 언어의 이해라는 일상적인 정의는 더 이상 통용되지 않을 듯하다. 다시 말하면 브로카영역의 역할은 문법적 처리를 하는 것이고 베르니케영역과 그 주변은 단어를 듣고 그 의미를 파악하는 것으로 정리할 수 있다.

한편, Iijima et al.(2009)은 일본어 화자가 문법적인 판단을 언제 어디서 하는지에 대하여 MEG 연구를 수행하였다. L1을 일본어로 하는 10명의 피험자에게 ag-e-ru 'raise'와 ag-a-ru 'rise'와 같은 타동사-자동사의 단어 쌍을 주고 그 단어에 통사적으로 적절한 구조와 적절하지 않은 구조 그리고 의미적으로 적절한 구조와 적절하지 않은 구조를 주고 실험하였다. 한국어가 일본어와 기본 구조가 같다고 보고 한국어로 번역하여 그 자료를 보여주면 다음과 같다.

8) 통사적 결정을 요하는 자극
   a. 팔을 올리다 / *팔을 오르다
   b. 팔이 오르다 / *팔이 올리다

9) 의미적 결정을 요하는 자극
   a. 팔을 올리다 / *팔을 수집하다
   b. 팔이 오르다 / *팔이 수집하다

위와 같은 자료를 24세트를 제시한 후 MEG 실험을 한 결과 활성화가 일어나는 시간과 위치를 다음과 같이 동시에 밝혀준다.

10) a. 통사적으로 정상적인 목적어-동사를 가진 문장들은 120~140ms 사이에 좌반구의 F3t(BA 45)에서 가장 빠른 활성화를 나타내는데 이것은 다음에 올 동사에 대한 통사적 정보를 예견하는 반응으로 보인다.
   b. 150~170ms에 좌반구의 섬피질(insular)에서 활성화를 보이는 것은 목적어-동사구문의 복잡한 계층구조를 처리하는 것으로 보인다.
   c. 190~210ms에 좌반구의 SMG(상변연회)에서 보이는 활성화는 타동사의 상세한 어휘정보를 처리하는 것으로 보인다.
   d. 240~260ms에 좌반구의 대상피질의 앞쪽부분(anterior cingulate cortex, ACC)과 이마의 앞쪽에 있는 전안와피질(orbitofrontal cortex, OFC)에서 보이는 활성화는 통사적 오류를 알아차리고 재분석하는 과정으로 보인다.

e. 260~280ms에 좌반구의 하두정엽(inferior parietal lobule, IPL)에서 나타나는 활성화는 동사의 타동성과 같은 어휘처리를 하는 과정으로 보인다.

이와 같은 결과는 문장의 계층적 구조와 두뇌에서 일어나는 실시간 처리가 상부에서 하부로 내려오는(top-down) 과정임을 보여준다. 이 실험은 인간이 타고나는 언어 능력 중에서 가장 중요한 요소가 회귀성(recursion)이라는 Hauser et al.(2002)의 생각을 뒷받침하는 것으로 보인다.

L1의 통사적 처리에 관한 신경언어학 연구는 P600이 통사적 지식을 사용하는 경우에 어김없이 나타나고 문법을 위반하거나 구조가 복잡하여 통사적인 재분석이 필요한 경우에는 P600의 진폭이 커진다는 것을 보여주고 있다. 이로써 신경언어학에서도 통사 정보와 의미 정보의 처리는 분명하게 나누어져 있다고 말할 수 있다. 그러나 그 처리 과정에서 또 다른 요소가 개입하는지의 여부는 앞으로의 연구에서 통사 정보 처리의 회로와 함께 더 연구되어야 할 부분이다.

언어처리에서 통사적 처리와 의미적 처리에 순서가 있다고 하는 연구가 있다. Friederici(2002)는 독일어 문장을 듣고 처리하는 과정에 대한 ERP 연구를 통하여 통사적 처리가 의미적 처리보다 먼저 이루어지고 나중에 통사-의미의 상호관계가 일어난다고 주장한다. 위의 LPM 방식을 가지고 설명하면 다음과 같다. Phase 1에서 단어 품사가 틀렸거나 구구조가 틀렸을 때에는 ELAN(early left anterior negativity)이라는 부반응이 150~200ms 사이에 일어난다. Phase 2에서는 주어-동사 일치 혹은 시제의 일치와 같은 형태-통사적 요소가 틀릴 때에는 LAN (left anterior negativity)이라는 부반응이 300~500ms 사이에 일어난다. 동시에 여기에서 통사론과 의미론이 만나고 상호작용한다는 것이다. 같은 시간대에 단어나 구의 의미적 역할이 틀리거나 기대와 달리 나올 때에는 N400이 나오기 때문이다. 마지막으로 Phase 3에서는 문장구조를 재분석하거나 고쳐야 할 때 P600이 500~1000ms 사이에서 일어난다.

또한 Friederici(2009)도 위와 같은 주장을 지지하는 연구결과를 내었다. 그녀는 독일어 문장을 귀로 듣고 이해하는 과정에서 두뇌가 어떻게 반응하는지 좌반구와 우반구의 역할을 연구하였다. 우반구는 운율적 처리를 하는 것으로 알려져 있고, 좌반구에서 일어나는 과정은 마치 계단 폭포(cascade)처럼 연속해서 점증적으로 다음의 순서대로 통사적 의미적 처리가 일어난다고 추정하였다.

11) a. 단어정보가 들어오면 국소적인 구구조(phrase structure)가 만들어진다.
    b. 구구조의 어휘・의미적 정보가 처리되면서 의미역(thematic role)을[23] 지정해 준다.
    c. 종합하는 마지막 단계를 거쳐 그 문장을 이해한다.

---

[23] 의미역(thematic role)이란 술어의 논항이 갖는 의미상의 역할을 말한다. 예를 들면 "John threw a ball"과 같은 문장에서 술어인 threw가 반드시 필요로 하는 논항은 주어와 목적어이다 여기에서 주어인 John의 의미역은 Agent(행위자)이고 목적어인 ball의 의미역은 Theme(대상)이다.

이러한 단계를 가정하고 fMRI를 사용하여 좌반구 내의 위치를 확인한 결과 통사적으로 틀린 문장에 대해서는 베르니케영역으로 알려진 상측두회(STG)의 앞쪽과 하전두회(IFG)의 뒤쪽에 있는 전두판개(frontal operculum)24부분이 활성화하고 의미적으로 어색한 문장에 대해서는 상측두회의 뒤쪽이 활성화한다는 것이다. 그리하여 좌반구에서 문장의 이해에 관여하는 부분을 이 세 가지 장소라고 지정하였다. 그리고 하전두회의 앞부분에 있는 브로카 영역은 통사적으로 복잡한 구조에 대해서만 활성화한다고 한다. 또한 ERP상으로 통사적인 위반은 ELAN(early left anterior negativity)을 나타내고 P600은 통사적으로 어려운 문장을 처리하는 종합적 과정을 나타낸다고 주장하였다.

최근에 Brennan(2010)은 fMRI와 MEG 실험을 통하여 크게 두 가지 문제를 탐구하였다. 하나는 문장 처리에 있어서 통사적 운용과 의미적 운용이 분리되어 있는가 하는 것이고, 다른 하나는 신경언어학적 실험에 의하여 문법 이론을 평가할 수 있을까 하는 것이다. 그는 영어 모국어 화자 9명에게 자연스러운 상태에서 잘 알려진 동화를 들려주고 실험한 결과, 통사적 구조 처리는 왼쪽 측두엽의 앞쪽에서 활성화가 증가되고 두뇌의 정중앙에 있는 대상피질의 앞쪽에서는 활성화가 감소된다는 것을 보여 주었다. 한편, 의미적 처리는 이와 반대로 대상피질의 앞쪽에서 활성화가 증가되고 왼쪽 측두엽의 앞쪽에서 활성화가 감소된다는 것이다. 이 결과는 문장 처리를 할 때 우리 두뇌에서 이 두

---

[24] operculum은 라틴어로 '작은 덮개 혹은 두껑'을 의미한다. 이 부분 속에 브로카 영역이 포함되어 있다.

가지 운용이 분리되어 있다는 증거가 된다. 따라서 문법 이론에서 통사론과 의미론을 두 개의 다른 체계로 다루는 것이 더 타당하다고 결론지었다. 이 연구는 우리에게 앞으로 신경언어학적 연구들이 세분화된 가설이나 이론의 타당성을 판단하는 일에 일정한 역할을 할 수 있다는 가능성을 보여 주었다.

2. 제2언어의 문장정보

제1언어 습득자와 마찬가지로 제2언어 학습자도 흔히 시제를 나타내는 굴절어미를 생략하고 동사원형을 사용한다. 여기에 대해서는 많은 학자가 대개 두 가지로 나뉘어 이 현상을 설명하고자 한다. 하나는, L2 학습자의 문법에 시제나 일치를 나타낼 수 있는 기능범주(functional category)가[25] 손상되어 있기 때문이라는 것이다. 다른 하나는, L2 학습자의 문법에도 기능범주가 온전하게 있으나 그러한 추상적인 요소로부터 그에 해당되는 형태소로 전환되는 과정에 문제가 있기 때문이라는 주장이다.

이에 대하여 Ionin & Wexler(2002)는 미국에서 1년에서 3년 동안 살고 있는 러시아 어린이 20명을 대상으로 하여 28개의 구어체 원고를 가지고 실시한 연구에서 다음과 같이 몇 가지를 관찰하였다.

---

[25] 기능범주란 어휘범주(lexical category)와 대립되는 용어이다. N, V, A, P 등을 어휘범주라고 한다면 COMP, INFL, DET 등이 기능범주의 예이다.

12) a. BE 동사를 과도하게 사용한다. BE가 사용되면 동사에는 굴절어미를 거의 사용하지 않는다. 예: She is like bananas. (She likes bananas.)
b. BE 동사를 일관성 있게 부정어나 부사 앞에 놓는다.
c. 굴절어미가 없는 동사를 사용할 경우에도 주어를 생략하는 일은 드물다.

이러한 관찰은 L1 어린이와는 대조적인 차이를 보인다. 즉 L1 어린이는 언어 발달 단계 중에서 BE동사를 과다하게 사용하는 단계는 없다. 그러나 굴절어미가 없는 동사를 사용할 때 종종 주어를 생략하는 경향이 있다. 그들이 내린 연구의 결론은 다음과 같다.

13) a. L2 어린이는 BE 동사를 동사의 시제/일치를 나타내는 요소로 사용하는 듯하다.
b. 지속적으로 BE 동사를 부정어나 부사 앞에 놓는다는 것은 L2 어린이들이 가진 문법에도 시제/일치라는 요소가 존재한다는 것을 보여준다.
c. 그럼에도 불구하고 영어의 형태적 표현이 틀리는 것은 표현과정이나 의사소통의 부담 때문이다.

위의 결론을 보면 제2언어를 배우는 어린이들도 일치라는 자질을 확인할 수 있는 형태적 요소가 필요하다는 것을 알고 있다는 말이 된다. 즉 보편문법에 대한 지식은 가지고 있다는 의미이다. 이와 같이 BE동사를 과도하게 사용하는 현상은 우리나라 어린이가 영어를 배울 때나 우리나라 대학생이 작문할 때에도 흔히 나타나지만 그 이유에 대한 것은 다른 주장들이 있다.

제2언어로 영어를 배우는 어린이나 성인이 굴절어미를 습득하는 데에는 그 순서에 일정한 패턴이 있다고 한다. 그 순서는 대체적으로 다음과 같다.

14) -ing > 복수 어미 -s > 소유격어미 -s > BE 동사 > 과거형 어미 -ed > 3인칭 단수 현재형 어미 -s

이 순서에서도 볼 수 있듯이 BE 동사인 is를 3인칭 단수 현재형 어미인 -s보다 쉽게 습득하는 이유를 Ionin & Wexler(2002)는 이렇게 설명한다. 영어에서 BE동사나 조동사는 Tense/Agreement라는 곳으로 올라가서 실현되지만, 본동사는 그 자리에 그대로 있기 때문에 Tense/Agreement에서 생긴 3인칭 단수 현재를 나타내는 접사 -s는 본동사 자리로 내려와서 붙는다는 이른바 '접사 하강'이라는 변형단계를 거쳐야 한다는 것이다. 따라서 한 단계를 더 거쳐야 하는 -s가 is보다 어렵게 실현된다는 것이다.

이와 같은 문제가 신경언어학에서 밝혀지려면 과연 L1 습득자의 뇌에서 통사 정보를 처리하는 부분과 L2 학습자의 뇌에서 통사 정보를 처리하는 부분이 같은가 혹은 다른가에 대한 문제가 먼저 밝혀져야 할 것이다. 이 논의에 대한 주장은 대체로 두 가지로 나뉘어져 있다. L1 습득자가 모국어를 구사할 때와 L2 학습자가 외국어를 사용할 때

뇌 속에서 활성화하는 부분이나 그 반응이 다르다는 주장이 많이 있지만 최근으로 올수록 그렇지 않다는 주장도 등장하고 있다. 예를 들면, Sakai(2005)는 "grammar center"는 다른 언어를 공부할 때에도 문법적 처리에서 활성화한다는 주장을 한다.

Ulman(2001, 2004)은 문법에 있어서 L2는 L1과 다른 부위가 활성화한다는 주장을 하였다. 즉 L1 문법은 은연중에 습득되고 기저핵의 앞부분이 활성화하지만 L2 문법은 명시적으로 학습되어야 하고 왼쪽 관자놀이 부분이 활성화한다는 것이다. 그러나 최근에는 통사적 능력에 있어서도 늦게 시작한 L2 학습자의 숙달도가 올라가면 L1과 같은 부위가 활성화한다는 주장을 지지하는 연구결과가 나오고 있는 것도 사실이다.

일련의 ERP 연구에 따르면 L1 습득자는 ELAN이나 LAN을 나타내고 또한 P600도 나타내지만 L2 학습자는 P600만을 보인다는 주장이 있다. L2를 늦게 배우기 시작한 사람에게서는 ELAN이 나타나는 일이 거의 없다고 한다. 특히 L1이 일본어이거나 중국어일 때 L2인 영어나 독일어를 늦게 배우기 시작한 사람은 숙달도에 관계없이 구구조나 주어-동사 일치의 문제에서 ELAN뿐만 아니라 LAN이나 P600도 나타나지 않는다는 실험 연구가 있다. 그러나 L1과 L2가 같은 인도-유럽어에 속한 경우에는 L2의 숙달도에 따라 다른 반응이 나온다는 연구도 있다. 이와 같은 것을 고려해볼 때, L2가 L1과 유사성이 많은 경우와 적은 경우를 구별하여 그 상관관계를 분명하게 할 수 있는 연구가 필요하다.

한편, 동일한 한 명의 피험자를 대상으로 실행한 어느 연구에 따르면, 모국어를 사용할 때보다 숙달도가 높지 않은 L2를 사용할 때 좌반구의 IFG가 더 많이 활성화한다고 한다. 뿐만 아니라 L2 학습 초기에는 IFG의 후면(dorsal) F3T가 많이 활성화하지만 숙달도가 높아질수록 그 부위의 활성화가 줄어든다고 한다.

그러면 한국어 화자들이 사춘기 이후에 영어를 배우는 경우에 문장 구조의 차이나 복잡성을 어떻게 처리하는지 보기로 하자. Suh et al.(2007)은 16명의 한국 청년 피험자에게 가운데에 내포절을 가진 문장과 and로 연결된 등위절을 가진 문장을 영어와 한국어로 제시하고 fMRI 실험을 하였다. 예를 들면 다음과 같다.

15) a. The director that the maid introduced ignored the farmer.
    b. The maid introduced the director and ignored the farmer.
    c. 감독이 농사꾼을 소개한 가정부를 외면했다.
    d. 감독이 농사꾼을 소개하고 가정부를 외면했다.

위와 같은 영어 자료나 한국어 자료에 대하여 피험자들은 뇌의 같은 부위가 활성화한다는 것을 보여주었다. 뇌에서 주로 활성화된 부분은 왼쪽 하전두회(IFG), 양쪽 하두정회(inferior parietal gyrus), 쐐기모양의 소엽(cuneus)과 혀이랑(lingual gyrus)을 포함한 후두엽이었다. 이처럼 활성화한 부분은 공통적이었으나 왼쪽 하전두회에 나타나는 두 자료에 대한 활성화 패턴이 달랐다. 한국어 예문은 등위절을 가진 문장

(15d)보다 내포절을 가진 문장 (15c)에 대하여 더 강한 활성화를 보였다. 반면에, 영어 예문은 두 문장 사이에 활성화의 차이를 보이지 않았다. 한국인 피험자가 영어문장의 구조적인 차이에 반응하지 않았다는 결과에 대하여 연구자들은 그 이유가 문장의 복잡성 때문인지 혹은 L1, L2의 문장 처리에 대한 자동화의 차이 때문인지 더 연구가 되어야 한다고 하였다.

이와 비슷한 방법으로 일본어 화자를 대상으로 영어의 수동태 구문을 연구한 사례도 있다. Yokoyama, et al.(2006)은 36명의 일본 대학생들에게 매우 짧은 능동태와 수동태 문장을 영어와 일본어로 제시하였다. 그 예는 다음과 같다.

16) a. John praised Mary.
　　b. Mary was praised by John.
　　c. John-ga Mary-wo home-ta.
　　d. Mary-ga John-ni home-rare-ta.

fMRI 실험 결과 뇌의 활성화 부위는 영어자료와 일본어 자료에 대하여 공통적이었으나 역시 활성화 패턴이 달랐다. 활성화된 부분은 브로카영역의 삼각부(BA 45), 운동전영역(BA6), 상측두엽이었다. 그러나 일본어 자료에 대해서는 수동태 문장이 능동태 문장보다 더 강한 활성화를 보였으나 영어 자료에 대해서는 그러한 차이를 보이지 않았다. 그 이유로서 L1, L2의 문장구조의 차이, L2의 숙달도 등을 들었다.

그러나 부정문을 자료로 한 연구에서는 다른 결과도 있다. 일본어 화자가 영어 부정문을 처리할 때가 일본어 부정문을 처리할 때보다 강한 활성화를 보였다고 한다. 그 이유는 L2인 영어에 대한 인지적 부담이 일본어보다 크기 때문이라고 하였다(Hasegawa et al., 2002). 이와 같은 연구 결과들을 보면 문장 구조의 복잡성이나 인지적 부담의 차이가 뇌에서 일어나는 문장 처리에 영향을 주는 요소로서 고려되어야 할 것으로 보인다.

한편, L2에 있어서도 문장정보에 대하여 예민한 사람은 뇌의 특정부위가 크다는 연구가 있다. Nauchi & Sakai(2009)의 fMRI 연구에 따르면 문장의 통사적 구조에 관한 한 활성화하는 부위와 L2의 숙달도 사이에 큰 상관관계가 있다고 한다. 78명의 일본 중·고등학교 학생과 영어권이 아닌 곳에서 온 17명의 외국인 학생을 실험해 본 결과 영어 문법시험에서 높은 점수를 받은 학생들은 관자놀이 부분에 있는 IFG의 한 부분(550-cubic-millimeter)이 다른 사람들보다 크다는 것을 발견하였다. 이 상관관계가 철자시험이나 어휘시험에는 나타나지 않았다. 그러나 이 부위가 크기 때문에 문법 실력이 좋은 것인지 아니면 문법 실력이 향상되면서 그 결과로 이 부위가 커진 것인지에 대한 것은 밝혀지지 않고 있다.

그러면 L2 습득을 위해 얼마나 그 언어에 노출되어야 하는지에 대한 연구를 보기로 하자. Osterhout et al.(2006)은 영어가 모국어이고 불어를 강의실 환경에서 처음으로 배우는 대학생들의 학습과정을 약 9개월에 걸쳐 연구하였다. 각 피험자를 세 번씩 실험하였으며 불어 강의는 일주일에 사정에 따라 3~4시간씩 시행하였다. 통제 그룹은 불어를 전혀 모르는 학생들로 형성하고 비교를 통한 결과는 다음과 같다.

17) a. 어휘에 대한 반응 : 14시간 수업(약 1달 후)을 받은 후 단어 형태를 구별할 줄 알고 60시간 수업(약 4달 후)이 지나자 단어의 의미를 구별하기 시작했다.
b. 형태-통사에 대한 반응 : 학습 1개월이 지나자 주어-동사 일치에 대하여 틀린 형태와 바른 형태를 구별하기 시작하였는데 ERP상으로 N400을 보였다. 그러나 4개월이 지나자 N400 대신에 P600과 비슷한 반응을 보였다. 80시간의 학습을 한 후에는 동사의 인칭에 따른 굴절어미를 구별하였다.
c. 개인에 따라 복잡한 형태-통사적인 체계를 매우 빨리 '문법화'[26] 하는 경우가 있다.

한국어를 모국어로 하고 영어를 외국어로 배우는 우리나라 학생들에게서도 똑 같은 결과가 나올지는 알 수 없지만 이 연구는 두 가지 점을 분명히 하고 있다. 첫째, 기존 연구들의 주장에서 보는 바와 같이 늦게 시작한 L2 학습자는 외국어를 공부할 때 문법의 숙지가 매우 천천히 일어난다는 것에 대하여 반론을 제기한다. 대학에 들어와서 새로운 외국어를 배워도 어휘나 문법에서 의외로 빨리 구별을 시작한다는 것이

---

[26] 문법화의 정의에 대하여 위의 논문을 그대로 인용한다.(p.212) "what we mean by 'grammaticalization' is specifically the instantiation of grammatical knowledge into the learner's online, real-time language processing system."

다. 둘째, L1과 L2의 통사적 구조가 매우 다른 경우에도 1년 정도만 학습을 계속하는 경우에는 문법화가 일어난다는 것이다. 비록 문법적 요소와 개인에 따라 문법화의 시기는 조금씩 다르다고 해도 8개월 정도 지난 후 마지막 실험에서는 상당한 문법화 현상을 보였기 때문이다.

L1과 L2의 구조가 매우 달라도 학습을 통하여 L2를 훈련하면 L1 습득자가 보이는 것과 거의 같은 ERP pattern을 보인다는 연구가 있다. 독일어를 L1으로 하는 젊은이들에게 개인적으로 4~10시간씩 일본어 미니 문법을 가르친 후 일본인과 비교해 본 결과 격조사가 틀린 경우에 공통으로 P600을 보였다는 것이다.

Mellow(2006)는 영어의 관계절에 대한 학습과정을 한 명의 피험자를 대상으로 7개월간 추적 연구하였다. 영어 모국어 화자는 Longman Corpus를 토대로 한 연구에 따르면 다음과 같은 순서로 관계절을 사용한다고 한다.

18) a. 주격 관계대명사절 : 분야에 따라 다르나 관계절 중 55~75%를 차지
 b. 목적격 관계대명사절 : 10~37 %
 c. 목적격 관계대명사를 생략한 절 : 10~25%
 d. 관계부사를 사용한 관계절 : 5~15%

그러나 스페인어를 L1로 하는 12세의 Ana라는 피험자의 관계절 사용을 비교해 보면 그녀는 주격관계절을 사용하는 비율은 비슷하나 목적격 관계절보다 부사 관계절을 더 많이 사용하는 것을 발견하였다.

그리고 목적격 관계대명사를 생략하는 예는 가장 늦게 사용했다고 한다.

또한 Felser et al.(2009)은 일본어를 모국어로 하고 영어 숙달도가 높은 대학생들을 대상으로 다음과 같은 자료를 주고 결속이론(A)에 대하여 눈동자 추적 실험을 통한 연구를 하였다.

19) a. *John argued that the professors had criticized himself. (국부성 위반)
b. *The doctors believed that Mary's son had neglected herself. (성분지휘 위반)

그 결과 일본 대학생은 반응 패턴이 영어를 모국어로 하는 통제그룹과 매우 유사했지만 반응시간이 조금 느렸다고 한다. 그러나 중요한 차이점이 있는데 영어 모국어 화자인 통제그룹은 성분지휘(c-command)[27]보다 국부성(locality)[28]에 대하여 더 빠른 반응을 보이고 일본 대학생은 국부성

---

[27] 성분지휘(c-command)란 문장의 구조를 계층적으로 볼 때 성분(constituent)이 되는 두 개의 교점 사이의 관계를 규정하는 개념이다. 예문에서 herself가 Mary에 결속될 수 없는 것은 Mary's son은 herself를 성분지휘하지만 Mary는 son을 성분지휘할 수는 있어도 herself를 성분지휘하지 못하기 때문이다.

[28] 국부성(locality)이란 자연언어의 모든 영역에서 보이는 특성으로서, 쉽게 말하면 문장에서 어떤 요소가 움직이거나 다른 단어와 관계를 가질 때 일정한 거리 이상으로 넘어 가거나 관계를 가질 수 없다는 것이다. 예문에서 himself는 John과 결속될 수 없는 것은 professors라는 종속절의 주어를 건너 갈 수 없기 때문이다.

보다 성분지휘에 대하여 더 빠른 반응을 보였다는 것이다.

정리해 보면, 통사 정보의 처리에서 제2언어 학습자와 모국어 습득자가 다른 면이 있다는 것을 부인할 수는 없다. L2의 통사적 처리가 L1보다 조금 느리다는 것은 아무래도 L2가 L1보다 어렵기 때문이다. 또한 두뇌의 활성화 부위가 조금씩 차이가 나는 것도 모국어 습득자는 L1이 이미 뇌 속에 내재화되어 있어서 비서술적 기억(non-declarative memory)을 사용하지만 L2 학습자는 아직 원어민의 수준까지 도달하지 못한 경우 작업 기억이나 서술적 기억(declarative memory)을 사용한다는 점이 관계되지 않을까 하는 추정을 해 볼 수 있다.

3. 영어 교육에 적용하기

"The brain reacts in accordance with the grammar"(Friederici 2002:82)처럼 우리의 뇌는 문법, 즉 문장의 구조에 대하여 확실하게 반응한다. 영어 학습에서도 이 점을 명심할 필요가 있다. 이것을 고려한다면 우리나라 영어 문법교육은 어떻게 실행되어야 할까? 우리는 앞에서 나온 LPM Model을 주시할 필요가 있다. 즉 문법을 몇 가지 단계로 나누어 단계별로 가르치고 적용하게 함으로써 학생들이 문장 구조에 익숙해지도록 해야 한다. 우선 영어 문장이 계층적 구조를 가진 것임을 보여주고 이해시키는 일이 필요하다.

첫 단계로서 2개 이상의 단어를 조합하여 구를 만드는 일인데 이때 형태적 규칙인 굴절 어미와 파생 어미에 대하여 가르친다. 먼저 익숙하고 빈도수가 매우 높은 연어(collocation)로 시작하여 조금씩 확대해 간다. 또한 배운 것을 활용하여 그 어구를 찾아오거나 대화에 사용하게 한다.

두 번째 단계로서 간단한 문장, 즉 단문(simple sentence)을 구사하는 일인데 두 단어로 된 문장부터 시작한다. 그리고 단어의 수를 늘려가면서 문장을 구사하는데 먼저 목적어를 넣고 그 다음에 부사구를 사용하는 방법을 가르친다. 이렇게 해서 10단어 이상의 문장을 구사할 때까지 훈련시키고 적용해 본다. 또한 두 가지 종류의 의문문인 Yes/No 의문문과 의문사를 가진 의문문을 가르친다.

세 번째 단계로서 복문(complex sentence)을 가르친다. 명사절, 형용사절, 부사절을 가르치면서 이것이 주절과 어떻게 연결되는가를 보여 준다. 또한 통사적인 재분석을 필요로 하는 garden path 문장의 유형도 설명해 준다. 마지막으로 문법적으로 가장 유표적이라고 할 수 있는 가정법과 도치문에 대하여 가르친다.

또한, 교사는 각 단계마다 서두르지 말고 무표적인(unmarked) 것에서부터 유표적인(marked)[29] 것으로 나아가는 원칙을 지키면서 가르치는 것이 바람직하다고 생각한다. 우리나라 중·고등학교에서 다루는

---

[29] 문법에는 무표적(unmarked) 현상과 유표적(marked) 현상이 있다. 유표적이란 특수하고 희귀한 현상을 가리키며 무표적이란 일반적으로 흔히 볼 수 있는 현상을 가리킨다. 무표적 현상은 문법의 핵(core)에 속하며 유표적 현상은 문법의 주변부(periphery)에 속한다고 볼 수 있다.

영문법 교재나 참고서들은 주로 유표적인 현상들을 담고 있다. 따라서 학생들은 무표적인 현상을 제대로 이해하지 못한 상태에서 유표적인 것을 배우고 그것을 사용해서 영어 문장을 구사하려니 어렵게 느껴질 수밖에 없다. 예를 들어, 전체 문장에서 약 10%밖에 사용되지 않는 수동태는 90%에 해당되는 능동태를 먼저 알고 잘 구사할 수 있도록 한 후에 가르쳐야 그 효과가 있게 된다. 또한 부정사(infinitive)와 동명사(gerund)를 가르치는 것은 주어와 목적어 자리에 명사구나 절을 사용하는 방법을 먼저 가르치고 사용하게 한 다음에 가르칠 것을 제안한다.

§ 요약

　이 장에서는 우리의 뇌가 어떻게 통사 정보를 받아들여 처리하는지에 대하여 모국어의 경우와 제2언어의 경우를 대비시키며 그 공통점과 차이점을 중심으로 기술하였다. 한 문장이 성공적으로 처리되었을 경우에도 P600은 발생한다. 그러나 그 문장이 통사적으로 틀렸거나 재분석을 요할 때에는 P600의 진폭이 커진다는 것이다. 이와 같은 것은 공통점이지만 활성화 부위는 차이가 있다는 것이 일반적 견해이다. 영어교육을 위해서는 영문법을 단계적으로 가르치되 반드시 적용해 보는 기회를 가져야 하며 동시에 무표적인 것을 먼저 가르치고 유표적인 것을 그 후에 가르칠 것을 제안하였다.

　□ 핵심 단어 □

유한상태문법(finite-state grammar, FSG)
구구조문법(Phrase Structure Grammar, PSG)
계층적(hierarchical) 관계
언어능력(linguistic competence) / 언어수행(linguistic performance)
Formal Syntax Map(FSM) / Language Processing Mapping(LPM)
국부성(locality) / 성분지휘(c-command)
장거리 의존구문(long-distance dependency)
유표적(marked) 현상 / 무표적(unmarked) 현상

제8장 담화 정보의 처리과정

한 개 이상의 문장으로 구성된 문장의 연속체가 회화나 이야기로 인지될 수 있을 때 이를 담화(discourse)라고 부른다. 이 담화를 수행하는 데에는 담화 정보, 즉 넓은 의미로 화용론적(pragmatic) 정보가 필요하다. 일상생활에서 우리는 마음먹은 것보다 훨씬 못 미치게 말하거나 의도와는 다른 말을 하거나 때로는 반대로 표현하기도 한다. 또한 관용적 표현(idiomatic expression), 은유(metaphor), 간접적 표현, 풍자와 같은 비유적인 표현을 사용하기도 한다. 그러면서 우리는 상대방이 우리의 의도를 비교적 정확하게 이해하기를 바라고 대부분은 그렇게 된다. 이는 우리가 문법적 언어능력과 함께 화용적 능력(pragmatic competence)을 내재적으로 가지고 있기 때문이다.

화용적 능력이란 여러 가지 목적에 필요한 적절한 언어사용의 조건, 즉 어느 문장을 어떠한 조건으로 써야 할 것인가, 또 주어진 사회적 조건 아래에서 문장을 적절하게 사용하면 어떠한 효과가 기대되는가 등등에 관한 지식이다. 그러므로 화용론(pragmatics)이란 넓은 의미로 보면 담화에서뿐만 아니라 모든 문장 단위의 해석에 다 관여한다고 볼 수 있다. 그러나 그 경계를 뚜렷하게 한정 짓기는 매우 어렵다.

신경언어학에서 밝혀진 바로는 이러한 화용적 능력은 우반구와 관계가 깊은 것으로 알려져 있다. 일련의 PET 연구에 따르면, 브로카 영역과 베르니케 영역이 있는 맞은 편, 즉 오른쪽 뇌의 그 부분이 활성화한다고 한다. 오른쪽 뇌의 전두엽과 측두엽 부분이라고 할 수 있다. 이 장에서는 언어 외적인 요소로서 의사소통에 영향을 주는 요소를 우리의 뇌가 어떻게 처리하는지를 보려고 한다.

1. 제1언어의 담화 정보

화용론이 다루는 언어 외적인 요소란 언어적 요소인 말소리, 단어, 문장의 구조 외에 사회적인 상호작용, 추의(implicature), 담화상의 맥락 등을 포함한다. Kuperberg et al.(2003)은 다음과 같은 자료를 주고 화용적 위반에 대한 ERP 연구를 실시하였다.

1) a. For breakfast the boys would only eat toast and jam.
   b. *For breakfast the eggs would only eat toast and jam.
   c. *For breakfast the boys would only bury toast and jam.

위에서 문장 (1b)가 이상한 이유는 *eat*라는 동사에 대하여 주어인

*eggs*의 의미역(thematic role)이 행위자(AGENT)이어야 하는데 무생물인 *eggs*는 *eat*라는 행위를 할 수 없기 때문이다. 즉 언어적 요소인 주어와 동사 간의 관계에서 의미역이 맞지 않는 것이다. 그러나 문장 (1c)는 *bury*라는 행위를 *boys*가 할 수 있는 데에도 어색한 이유는 아침식사 때에 하는 일로는 그 행위가 매우 부적합하기 때문이다. 즉 문장 (1c)는 화용적 위반을 한 경우가 된다. 19명의 대학생을 참가시킨 이 연구는 문장 (1c)는 (1b)보다 더 진폭이 큰 N400을 보였다는 것이다. 반면에, 문장 (1b)는 진폭이 작은 N400을 보인 것 이외에 P600을 보였다. P600이 나타난 것은 문장 (1b)의 주어가 동사에 맞지 않는 의미역을 가지자 그 문장을 구조적으로 고쳐보려고 시도했다는 것을 의미한다. 그러나 화용적 위반을 한 문장 (1c)는 P600을 나타내지 않고 진폭이 매우 큰 N400만을 보인 것이다.

이와 같이 화용적 위반은 P600 효과를 나타내지 않고 N400의 진폭이 커진다는 결과는 Van Berkum(2009)이 시행한 담화상의 맥락에 대한 연구에서도 볼 수 있다. 다음 예를 보자.

2) "In dismay, the faculty dean called the lecturer and the professor to his office. This was because the lecturer had committed plagiarism, and the professor had faked some of his research data. The dean told the lecturer that there was ample reason to sack/promote him."

여기에서 나타나는 ERP는 세 가지이다. 첫째는 밑줄 친 *lecturer*를 읽을 때 300ms에서 전두엽에 부반응이 나타난다. 이것은 그 단어가 이 문단의 맥락에서 누구를 가리키는지를 생각한다는 의미라고 한다. 두 번째는 밑줄 친 *there*를 읽을 때 두정엽에서 P600을 나타내는데 그 이유는 *that* 다음에 *lecturer*를 수식하는 관계절이 올 것으로 기대하기 때문이다. 마지막으로 *sack*이 나올 때 두정엽에서 N400과 비슷한 것이 나타나지만 *promote*가 나오면 매우 뚜렷하고 진폭이 큰 N400을 보인다. 이것은 담화 맥락상으로 *promote*가 적절하지 않기 때문에 보이는 ERP 컴포넌트이다.

Van Berkum은 화용적 위반으로 보이는 현상을 이외에도 여러 가지로 다루고 있다. 문장의 사용자 스스로 맥락이 되는 경우로서 나이와 성, 사회적 지위가 영향을 준다는 것을 보여준다. 다음과 같이 피험자에게 각각 다른 목소리를 들려주었다.

3) a. 남성/여성 목소리 : "If only I looked like Britney Spears in her latest video"
   b. 상류/중·하류계급 : "I have a large tattoo on my back"
   c. 어린이/어른 목소리 : "Every evening I drink some wine before I go to sleep"

연구의 결과는 밑줄 친 단어에 대하여 더 진폭이 큰 N400을 보이는 경우는 남성, 상류계급, 어린이의 경우였다. 이 경우는 단어 자체의 문제가 아니라 언어 사용자 자신이 속한 범주가 화용적인 판단에 영향을 주기 때문이다.

그뿐만 아니라 문장을 발화하는 사람의 종교적 혹은 사회적 가치관이 영향을 줄 때도 있다. 다음 예를 보자.

4) 보수적인 기독교인/비기독교인의 발화:
"I think euthanasia is an acceptable/unacceptable course of action."

이 예문에서 *acceptable*이 나올 때 보수적인 기독교인이 비기독교인과 비교하여 더 진폭이 큰 N400을 보였다. 반면에 *unacceptable*이 나올 때에는 비기독교인이 보수적인 기독교인에 비교하여 더 큰 N400을 보였다. 그뿐만 아니라 이 경우에 또 다른 ERP 반응이 나타나는데, 감정을 유발하는 자극에 대하여 600ms 이후에 나오는 정반응이다. 이것을 LPP(Late Positive Potential)라고 부른다. 또한 대화상에 나오는 상대방의 몸짓이나 손짓에 대해서도 우리의 뇌는 N400의 반응을 보인다.

언어생활에서 사용되는 은유(metaphor)를[30] 해석하는 데는 문자적(literal) 해석보다 인지적으로 그 부담이 더 큰지 아닌지에 대한 논의가 있었다. Coulson & Van Petten(2002)은 이 문제를 위한 ERP 연구를 시행하였다. 이 연구는 은유란 문자적 해석에 더하여 주변지식에서

---

[30] 은유(metaphor)란 비유의 일종으로 어떤 사물을 보다 효과적으로 표현하고자 할 때 대용물을 통해서 표현하는 것이다. 즉 'A is B'로 표현함으로써 B가 가진 의미내용을 A에 부가하는 표현양식을 말한다. 'A is like B'처럼 표현하는 직유(simile)와 대조되는 방법이다.

나오는 정보를 혼합하고 부족한 것을 보충하여 해석된다고 보았다. 실험 자료로서 다음과 같이 세 단계를 주었는데, 문자적 해석, 은유, 그리고 그 중간단계를 제공하였다.

5) a. literal: "That stone we saw in the natural history museum is a gem."
b. literal mapping: "The ring was made of tin, with a pebble instead of a gem."
c. metaphor: "After giving it some thought, I realized the new idea was a gem."

이 세 단계에 대한 ERP의 변화도는 매우 뚜렷한데 그 결과는 다음 그림과 같다.

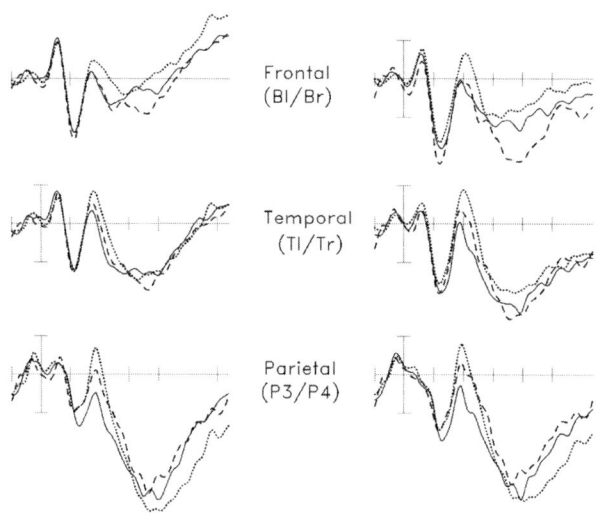

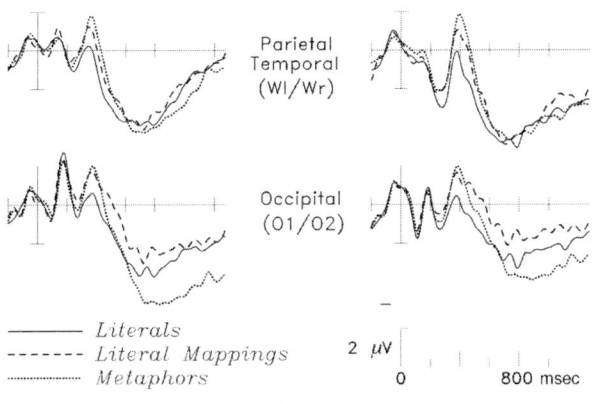

그림 8-1. Coulson & Van Petten 2002:963

위 그림은 각 조건의 문장에서 끝 단어를 200ms 동안 본 후에 나타난 ERP를 보여주고 있다. 단어를 보여 주면 일반적으로 나타나는 전두엽과 중앙 부분에 나타나는 N100과 후두엽에 나타나는 P100, N180 등이 보인다. 그다음 모든 부분에서 N400이 나타난다. 그 뒤로 800ms 근처에서 늦은 정반응이 나오는데 특히 은유가 후두엽에서 다른 조건들에 비해 눈에 띄게 크다. 여기에서 N400을 자세히 보면 은유가 모든 부분에서 진폭이 가장 크고 그다음은 그 중간 단계 그리고 문자적 해석이 진폭이 가장 작다는 것을 알 수 있다. 또한, 은유는 두정엽과 후두엽에서 가장 진폭이 큰 정반응을 나타내고 있다.

연구자들은 은유가 문자적 해석보다 조금 더 큰 진폭을 보인 것은 은유를 처리하기가 조금 더 어렵기 때문이라 주장한다. 이것은 은유가 아무런 노력 없이 자동으로 처리되는 것이 아님을 보여준다. 그리고 문자적 해석은 피질 전체에서 골고루 부반응을 보이지만 은유는 두정엽과 후두엽에서 큰 정반응을 보이는 것으로 보아 이 두 가지는 두뇌에서 동시에 병행하여 처리된다고 주장한다.

끝으로 부정어 'not'에 대한 화용적 연구를 소개한다. 부정어에 대한 의미적 연구는 언어학에서 풍부하게 연구해 왔다. 그러나 신경언어학적으로 부정문의 처리가 긍정문보다 처리 부담이 큰가라는 문제에 대해서는 논란이 있었다. 또한 신경언어학에서의 관심은 부정어가 N400과 어떻게 관련되는가 하는 문제와 우리의 뇌에서 부정어가 어떤 단계를 거쳐서 처리되는가 하는 것이다. Nieuwland, et al.(2008)은 화용적 맥락, 부정(negation) 그리고 세상 지식 간에 어떤 시간적 상호작용이 있는지를 알고자 ERP 연구를 시행하였다. 28명의 대학생을 피험자로 하여 다음과 같은 자극을 320세트를 제시하였다.

6) Pragmatically licensed negation :
   a. true-affirmative: With proper equipment, scuba-diving is very <u>safe</u> and often good fun.
   b. true-negated : With proper equipment, scuba-diving isn't very <u>dangerous</u> and often good fun.
   c. false-affirmative : With proper equipment, scuba-diving is very <u>dangerous</u> and often good fun.
   d. false-negated : With proper equipment, scuba-diving isn't very <u>safe</u> and often good fun.

7) Pragmatically unlicensed negation
   a. true-affirmative : Bulletproof vests are very safe and used worldwide for security.
   b. true-negated : Bulletproof vests aren't very dangerous and used worldwide for security.
   c. false-affirmative : Bulletproof vests are very dangerous and used worldwide for security.
   d. false-negated : Bulletproof vests aren't very safe and used worldwide for security.

피험자는 '적절한 장비를 갖추면'이 있어서 화용적 허가 조건을 가진 (6)의 예에는 밑줄 친 단어가 나온 후에 의미적으로 틀린 (6c,d)가 (6a,b)보다 더 큰 진폭의 N400을 보였다. 반면에 화용적 허가 조건을 위한 표현이 없는 (7)의 예에는 그러한 대조가 나타나지 않았다. 연구자는 부정문의 처리가 특별히 다른 단계를 거치지 않고 문장의 의미처리에서 방해 요인이 되지 않고 점증적으로 통합된다고 결론지었다.

2. 제2언어의 담화 정보

제1언어에 대한 화용적 연구도 풍부하지 않지만 제2언어의 화용론에 대한 ERP나 fMRI 연구는 아주 드물다. L2 학습자들이 가진 화용적 능력은 문법적 능력과는 다른 예가 아주 많다. 다시 말하면 문법과 어휘에서는 높은 숙달도를 가지고 있지만 영어를 상황에 맞추어 적절하게 사용하지 못하는 예가 많다는 것이다.

Bouton(1999)은 추의(implicature)에[31] 대한 연구에서 그것을 자연스럽게 터득하는 데 최소한 33개월에서부터 최대한 7년이 걸리는 데 비하여 명시적인 강의를 받으면 그 기간이 매우 짧아진다는 것을 실험을 통하여 밝혀낸 바가 있다. 특히 정해진 표현의 추의(formulaic implicature)를 명시적으로 가르친 결과 그 효력이 매우 커서 미국에 17개월 또는 7년간 거주한 사람과 같은 수준이 되었다고 한다.

Chen(2009)에 나와 있는 실제 예가 있는데 우리에게도 공감되는 부분이 있어 소개한다. TOEFL 580을 받은 한 타이완 학생이 대학 졸업 후 학위공부를 하려고 미국유학을 갔다. 어느 날 지도교수의 집으로 저녁초대를 받아 그 교수 부부와 함께 맛있는 식사와 즐거운 대화를 나누다 보니 밤 11시가 다 된 것을 알고 그 학생은 교수에게 다음과 같이 말했다.

8) "It's very late. Thank you for the dinner. I think I should go now because you might need to go to bed."

그러자 그 노교수의 부인은 매우 불쾌한 듯 다음과 같이 대답하였다.

---

[31] 추의(implicature)란 화자가 의도하는 바를 직선적으로 말하지 않고 우회하여 나타내는 것인데 'what is implied'의 의미이다. 즉 대화 상황이 가지고 있는 실용적인 가정과 원칙에 근거를 두고 추리하는 것이다. 좁은 의미로는 대화의 추의(conversational implicature)로 사용된다.

9) "You may go home if you want to. Don't say it is because we want to go to bed."

그 타이완 학생은 어떤 실수를 한 것일까? 문법적으로는 완벽한 문장을 말했는데도 교수 부부를 당황하고 불쾌하게 만든 이유는 화용적으로 부적절한 언급을 했기 때문이다.

그 학생은 너무 늦어서 이만 가 보아야겠다는 인사를 하는 과정에서 두 분이 주무실 시간이 되었다는 말을 하려고 한 표현이 그들에게 실례의 말이 된 것이다. 초대한 부부를 주어로 한 "because you might need to go to bed"라는 표현은 이 상황에서 다른 의미를 내포하고 있으므로 초대한 사람에게 매우 무례한 말이라는 것을 그 학생이 몰랐기 때문이다. 만일 "because I need to go to bed"라고 했으면 아무 일이 없었을 것이다. 이것은 문화의 차이를 알지 못하여 일어난 일이다. 이와 같이 영어 숙달도가 높은 편이면 상대방은 화용적 능력도 높으리라고 기대한다는 데에 우리의 딜레마가 있다.

Chen(2009)은 40명의 타이완 대학생에게 '3P 교수 방법론'[32]을 적용하여 다음과 같이 7단계를 고안한 후 영어로 어떻게 불만(complaint)을 표시하는가에 대한 10시간의 강의를 하였다.

10) Step 1: awareness-raising session : 자국인과 미국인의 불만 표시 행동에 대한 비교를 통해 관심과 주의력을 유발

---

[32] Chen(2009)에서 재인용함. 3P는 Presentation-Practice-Production을 가리키며 McCarthy(1998)의 제안이라고 한다.

Step 2: social context session : 두 나라의 불만표시에 대한 사회적 맥락 이해

Step 3: strategy session : 불만표시를 하지 않거나 간접적으로 혹은 직접적으로 불만을 표시하는 전략에 대해 적절한 표현 제시

Step 4: practice session : 시나리오를 읽거나 그 시나리오에 대한 응답을 쓰기, 연습문제 풀기

Step 5: role play session : 역할을 나누어 짝을 이루거나 그룹으로 즉흥적인 표현유도

Step 6: feedback session : 클래스가 역할을 나누어 공연한 후 서로 평가함. 언어사용의 적절성, 관계 형성의 기준, 몸짓언어 등을 평가.

Step 7: wrap up : 불만을 표시하는 다른 상황을 만드는 과제를 주고 그중에 몇 가지 과제를 골라 수업 중에 토론함.

이와 같은 강의를 10시간 받은 후 학생들의 수업평가를 받아 본 결과 85%의 학생이 그 수업을 매우 유용한 것으로 받아들이고 영어로 불만을 표시하는 방법에 대하여 자신감을 표시하였다고 한다.

한편 Paradis(2002, 2004)는 제2언어 학습에서도 모국어 습득과 마찬가지로 뇌 과학적으로 네 가지 요소가 필요하다고 말한다. 암묵적(implicit) 언어 능력, 상위언어학적(metalinguistic) 지식[33], 화용론, 동기부여가 그것이다. L2 학습자는 암묵적 언어 능력에서의 부족함을 상위

---

[33] 여기에서 상위언어학적(metalinguistic) 지식이란 언어에 대해 의식적으로 가지고 있는 모든 지식을 의미한다.

언어학적 지식과 화용적 지식으로 보충하게 된다. 높은 동기부여는 이러한 것에 관여하는 뇌의 다양한 체계가 효율적으로 작용할 수 있게 한다. 그리하여 일부의 L2 학습자들이 언어구사력에 있어서 듣는 사람들이 원어민으로 착각할 정도의 수준에 이르기도 한다는 것이다. 그러나 심한 스트레스와 피로가 있거나 나이가 많아질 때, 그리고 심리적으로 미묘한 차이를 표현할 때에는 모국어 화자와 차이를 보이게 된다. 그것은 그들이 제2언어를 구사할 때 모국어 화자보다 훨씬 많은 에너지가 있어야 하고 정신적인 통제를 한다는 증거이기도 하다.

정리해 보면, L2 학습자의 숙달도와 화용적 능력이 항상 비례한다고 말할 수 없다. 따라서 L2 학습자는 화용론에 대한 지식을 늘릴 수 있도록 그 나라의 사회, 문화, 역사에 대한 관심과 배우고자 하는 노력을 해야 한다. 때로는 화용적 능력이 L2 학습자의 언어 구사력에 결정적인 요인이 되기 때문이다.

3. 영어교육에 적용하기

신경언어학에서 밝혀진 결과를 영어의 화용론 교육에 원용하기에는 아직 이르다. L1에 대한 연구가 그대로 L2에 적용될지 아니면 다른 결과를 가져올지는 아직 알 수가 없다. 그러나 우리나라에서 화용적 능력을 높이는 학습이 명시적으로 이루어지지 않고 있는 것 또한 사실이다. 앞으로 이 부분에 대한 커리큘럼을 고안하고 자료를 제작하는 일이 매우 필요한 것으로 보인다. 특히 영어에 대한 숙달도가 높은 학생들에게 실용적인 화용론을 가르친다면 매우 짧은 시간에 그 능력을 높일 수 있다.

　Chen(2009)의 다음과 같은 제안은 EFL(English as a Foreign Language)로서 영어를 가르치는 우리나라와 대만의 환경이 비슷하므로 우리에게도 의미가 있다.

11) a. 학습자의 L1과 L2의 사회문화적인 차이에 대한 토론을 통해 그 차이를 스스로 인식하는 과정이 매우 필요하다.
b. Presentation을 위해 목표언어의 실제 영화나 TV 프로그램을 교사가 준비하는 일은 한계가 있고 꼭 들어맞는 상황을 찾기가 매우 어려우므로 맞춤식 시나리오를 가진 제작된 자료가 필요하다.
c. EFL 교사들이 학습자의 화용적 능력을 높이는 데 지금보다 훨씬 많은 시간을 할애하여야 한다.

　우리나라의 영어교육에서 학생들의 화용적 능력을 높이려면 명시적 학습이 필요하다는 점에 공감한다면 우리가 이와 같은 제안을 수용해야 할 것이다.

§ 요약

이 장에서는 추의, 맥락, 사회적 관계 등에 대한 실험 화용론의 연구를 소개하였다. 화용론적 위반은 N400의 진폭을 크게 한다. 또한 은유가 나오면 문자적 해석을 할 때보다 N400의 진폭이 커진다. 제2언어의 화용론에 대한 본격적인 ERP/fMRI 연구는 아직 드물지만 대만의 예를 들어 학습자의 화용적 능력을 키우는 커리큘럼을 개발하고 명시적인 학습을 시킬 것을 제안하였다.

□ 핵심 단어 □

담화(discourse)
화용적 능력(pragmatic competence)
추의(implicature)
은유(metaphor)
LPP(late positive potential)

III
제2언어 습득에 관한 신경언어학적 접근

2부에서는 언어를 표현하는 층위별로 나타나는 정보를 뇌에서 처리하는 과정에 대하여 보았다. 제3부에서는 제2언어 습득(Second Language Acquisition, LSA 혹은 L2A) 이론의 주요한 주제들을 신경언어학에서 어떻게 다루고 있는지를 보고자 한다. 즉 제2언어 습득을 시작한 나이, 제2언어의 숙달도, 그리고 보편문법과의 관계를 중심으로 정리한다. 한편, 언어 학습을 일반적인 인지과정으로 보는 심리학자들은 제2언어 습득을 우리 뇌의 기억체계와 그 역할을 중심으로 많이 연구하고 있으므로 언어와 기억에 대한 연구들을 먼저 소개한다.

제9장 언어와 기억

　사람의 기억은 놀랄 정도로 큰 능력을 가지고 있으며 아울러 놀랄 정도로 한계를 가지고 있다. 우리가 태어나서부터 지금까지 한 여러 형태의 배움, 즉 학습은 신경생물학적으로 대부분 우리 두뇌의 기억(memory)과 관련되어 있다. 그러나 우리의 뇌는 학습을 위해 진화해 온 것이 아니라 인간 생명체의 생존을 위해 진화해 왔다. 그 결과 인간은 실제 세상에서 부딪치는 복잡하고 새로운 도전을 잘 수행할 뿐만 아니라 새로운 환경에 적응하는 데 놀라운 유연성을 가지고 있다. 이러한 유연성을 제공하는 것이 바로 학습과 기억이다.

　학습한다는 것은 단기기억을 장기기억으로 확고하게 굳히려는 과정을 만들어 내는 것이기도 하다. 제2언어 습득을 연구하는 심리언어학자나 심리학자들의 신경언어학적 입장도 그렇다고 볼 수 있다. 이 장에서는 인간의 기억에 대한 연구결과를 소개한 후 주로 언어습득과 언어학습에 관련된 부분을 정리한다.

1. 기억의 체계

우리는 세상으로부터 수많은 정보를 받아들이고 그것을 저장했다가 필요할 때마다 인출하여 사용할 수 있는 능력을 가지고 있다. 인간의 기억에 대한 연구는 일찍이 19세기 말부터 시작되었다. 그 당시의 주요 관심은 인간의 기억용량이 어디까지인가에 있었는데 성인은 보통 일곱 자리 수까지 기억하는 것으로 관찰하였다. 또한 기억의 하부구성 요소가 무엇인가에 관심이 있었으며 그 결과 짧은 시간 동안만 지속하는 기억을 일차기억으로 부르고 더 오래 가는 기억을 이차기억으로 불렀다.

그러나 20세기에 와서 인간의 기억은 적어도 단기기억(short-term memory)과 장기기억(long-term memory)으로 분류된다는 것을 과학적으로 증명하게 되었는데, 이것은 H.M.이라고 알려진 환자에 대한 연구를 통해서였다. 이 환자는 심한 간질을 앓고 있어서 측두엽을 제거하는 수술을 받았으며 그 후 30여 년간 관찰 대상이 되었다. 수술 후에 그의 지능이나 언어 능력은 그대로 유지되었고 다른 사람의 말을 단기간 기억하는 능력은 별 손상이 없었다. 그러나 정보를 장기 기억에 보유하는 능력은 현저히 떨어졌다. 예를 들면, 자신을 담당하는 의사의 이름이나 수년 전 이사한 집의 주소나 이미 읽었던 잡지 등을 기억하지 못하였다. 즉 새로운 정보를 유지 보존하지 못한다는 것이다. 반면에 어린 시절의 친구나 학교 시절 기억은 그대로 가지고 있었으며 운동 지각능력이 있어야 하는 작업은 정상적이었다. 그러나 그 작업을 수행했다는 사실은 기억하지 못했다. 이 환자에 대한 연구는 인간의 기억에 어떤 체계가 있음을 보여주었다.

　몇 년 후 K.F.라 불리는 또 다른 환자에 대한 연구가 있었다. 이 환자는 좌반구의 외측구에 심한 손상을 입은 환자였는데 그는 H.M.과는 반대의 증상을 보였다. 즉 단기 기억에 심각한 손실이 일어나 정상인이 일곱 자리 수 정도를 기억하나 그는 두세 자리 수밖에 기억하지 못했다. 그러나 학습능력이나 장기기억은 그대로 가지고 있었다. 이러한 결과는 인간의 기억체계에 단기기억과 장기기억이 분리되어 있음을 실증적으로 보여주게 되었다.

　한편으로 다른 연구들도 진행되어 그 결과 환경에서 받은 자극은 먼저 단기기억에 저장되었다가 그 중의 일부만 장기기억으로 보유된다는 가설을 제시하였다. 또한 정보의 종류나 정보 처리 수준에 따라 나누어진다는 가설도 있다. 말로 어떤 정보를 들을 때 그 음성이나 음운적인 것은 비교적 짧은 시간 동안만 유지되지만 그 정보의 의미적인 부분은 비교적 오래 보유되었다가 되살릴 수 있다는 것이다. 한편, 1990년대부터 단기기억은 작업기억(working memory)으로 불리게 되었다. 단기기억의 체계가 정보를 일시적으로 가지고 있을 뿐만 아니라 사물이나 사건의 이해, 추론, 학습, 의식적 사고나 행동 통제 등에 관여하는 것으로 밝혀지면서부터 작업기억이라는 용어가 단기기억을 대체하였다. 정상적인 아동의 약 10%는 읽기나 쓰기 등의 학습에 어려움이 있는데 이것 또한 작업기억과 관련이 있다고 보고 있다.

　작업기억은 다른 인지적 기능뿐만 아니라 L1과 L2의 습득에 매우 중요한 역할을 한다고 알려져 있다. Baddeley(1986)에 따르면 작업기억은 세 가지 구성요소로 이루어져 있다. 중앙 집행기(central executive system)가 있고 그 하위 구조에 음운루프(phonological loop)와 시공간 잡기장(visuospatial sketchpad)이 있다. 그 이후 각종 정보를 종합하는 일화 완충기(episodic buffer)가 하위 구조에 첨가되었다. 신경영상 연구에 따르면 작업기억의 음운적 정보의 저장은 BA 40과 관련이 깊고 발화는 BA 44, 45, 6, 7 그리고 소뇌와 관련이 깊다고 한다.

작업기억의 특징은 상대적으로 작은 용량과 제한된 지속 시간이다. 이 용량은 보통 7±2 정도라고 알려졌으나 최근에는 미리 연습하지 않으면 즉시 기억은 4개 항목 정도에 불과하다는 주장도 있다. 또한 하나의 항목이 유지되는 시간은 매우 짧으며 수 초 정도에 불과하다. 이러한 작업기억이 시연과 반복을 통한 주의력 집중(attention)에 의해 장기기억으로 간다고 한다. 그러나 작업기억의 역할과 기억과정에 대해서는 여러 가지 가설이나 모델이 있으며 아직도 연구가 활발한 분야이다.

장기기억에서도 그것이 단순한 하나의 체계가 아니라 별개의 하부 구조와 처리 과정이 있다고 밝혀져 있다. 장기기억은 외현기억(explicit memory)과 암묵기억(implicit memory)으로 나누어져 있다. 전자는 서술적(declarative) 기억으로 후자는 비서술적(non-declarative) 기억으로 불리기도 한다. 일반적으로 통용되는 기억의 체계를 도표로 보여주면 다음과 같다.

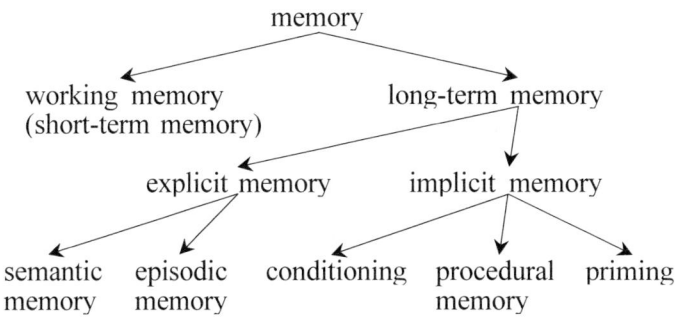

그림 9-1. 기억 체계의 분류(Fabbro, 1999:97)

기억은 그렇게 단순하지 않다. 위의 기억 구조 간의 정확한 관계는 아직도 논란거리이다. 그러나 지금까지 밝혀진 기억체계를 구성하고 있는 하부구조들의 속성을 보기로 하자. <그림 9-1>에서 보듯이 외현기억은 다시 의미(semantic)기억과 일화(episodic)기억으로 나누어진다. 의미기억은 우리가 보통 세상이나 사회에 대하여 가지고 있는 지식, 학교에서 배운 다양한 지식, 단어의 의미에 대한 것들이 포함되며 다음과 같은 특징을 가진다.

1) a. 다른 사람들과 공유하는 지식에 대한 내용
   b. 특정한 시기에 조직되지 않는다.
   c. 원래의 사건에 대한 의식적인 회상이라기보다는 '안다는 느낌'을 준다.
   d. 일화기억보다는 망각이 덜 된다.
   e. 비교적 맥락과 관계가 없다.

반면에, 일화기억은 다시 떠올릴 수 있는 개인마다 가지고 있는 과거의 경험들을 포함하므로 자전적(autobiographical) 기억이라 불리기도 한다. 이 기억은 5세 이후에 형성되므로 우리는 보통 그 이전의 기억이나 사건들을 잘 기억하지 못한다. 이것은 다음과 같은 특징을 가진다.

2) a. 자신과 관련된 내용이다.
   b. 특정한 시기에 구성된다.
   c. 의식적으로 회상되어 마치 '옛날 일을 다시 겪는 것과 같은 느낌'을 준다.
   d. 잊어버리기 쉽다.
   e. 시간, 공간, 다른 사람들과의 관련, 다른 환경과의 관련 등의 맥락에 의존한다.

이처럼 의미기억과 일화기억은 대조적인 특징을 가지고 있지만 관련성이 깊다. 일화기억은 시간이 지나면서 의미기억으로 전환될 수 있을 뿐만 아니라 종종 섞여 있기도 한다. 영상과학자들에 따르면 일화기억은 내측두엽 즉 피질하에 의존하고 의미기억은 피질에 의존한다고 한다.

암묵기억은 다시 세 가지로 나누어져 있다. 첫째, 절차(procedural) 기억은 감각 운동습관과 숙련된 기술과 관련되어 있으며, 대부분 무의식적이다. 기저핵과 전두엽 간의 네트워크가 여기에 관련되어 있다. 우리가 자전거를 처음 배울 때를 상기해 보면 명시적 지식과 암묵적 지식의 차이를 느껴 볼 수 있다. 자전거가 오른쪽으로 넘어지려 한다면 어떻게 대처할까? 많은 사람은 몸을 왼쪽으로 기울일 것이라 답한다. 그러나 그렇게 하면 자전거는 더 넘어지게 된다. 그렇게 답했던 사람들이 실제 상황에서는 자전거 핸들을 넘어지는 방향으로 돌린다고 한다. 이처럼 암묵적 학습이란 자전거 타는 것과 같은 운동기술처럼 명시적 학습이 없어도 복잡한 정보를 얻는 과정을 말한다.

둘째, 점화(priming)는 음향적이거나 시각적인 공간 메우기. 어휘의 선택과 결정에 대한 학습을 포함하고 있다. 예를 들어, 어떤 얼굴 그림을 보여주면 그다음 얼굴을 처리하는 데 걸리는 반응시간이 줄어드는데 이것은 점화기억에서 예비화되어 있기 때문이다. 또한 단어를 읽을 때에도 보았던 단어를 더 빨리 읽게 되는 것처럼 점화기억은 매 순간 다음에 일어날 처리 과정을 준비하고 있다고 보면 된다.

셋째, 조건화(conditioning)는 어떤 행동을 결정하는 조건을 자동으로 기억하는 것을 말한다. 예를 들면, 개에게 먹이를 줄 때마다 종을 치고 그것이 어떤 기간 반복되면 그 개는 종이 울리는 소리만 들려주고 먹이를 주지 않아도 침을 흘리는 것과 같은 현상에서 볼 수 있듯이 어떤 행동을 결정하는 조건에 대해 암묵기억이 형성되는 것과 관련이 있다.

이와 같은 기억의 체계 분류는 우리 주위에서 보는 몇 가지 병의 증상을 말하는 데에도 사용된다. 건망증에도 몇 가지 종류가 있으나 일반적으로 외현기억에 속하는 의미기억이나 일화기억에 새로운 정보를 학습하거나 보존하는 능력이 심하게 저하되는 것을 말한다. 그러나 암묵기억은 온전하고 또한 암묵적 학습도 가능하다. 한편, 보통 치매를 유발한다고 알려진 알츠하이머병(Alzheimer's disease)은 건망증 증세와 함께 작업기억에 심각한 손상이 일어난 경우이다. 외현기억 체계에 손상이 일어나게 되므로 제2언어를 비롯하여 명시적으로 학습한 것들을 잊어버리지만 모국어는 구사할 수 있다. 반면에, 파킨슨씨병(Parkinson's disease)은 외현기억이나 작업기억은 정상이지만 운동능력과 과정을 배우는 능력이 손상된 경우이다. 이 병은 암묵기억 중에서 절차기억에 손상이 일어나는 경우이므로 결국에는 모국어 구사를 잘 하지 못하게 된다.

인간의 기억 체계에 대한 연구는 대체로 일반화되어 있으나 아직도 단기기억을 작업기억으로 대체할 수 있는지에 대한 논의는 남아 있다. 그뿐만 아니라 *Science*지가 선정한 125개 과제에 포함되어 있는 기억의 문제는 어떻게 기억이 저장되고 인출되는가 하는 것이다. 그러므로 기억체계의 하부 구조 간의 상호작용과 그 회로에 대해서는 앞으로 연구가 더 필요한 부분이라고 하겠다.

2. 언어습득·학습에 관련된 기억

언어의 세부 영역이 뇌의 다른 기억 창고에 있다는 것은 태어나면서부터 언어를 듣거나 본 적이 없는 상태에서 격리되었다가 10살 전후에 발견된 아이들을 관찰한 결과를 보면 추론할 수 있다. 이러한 아이들은 자신의 모국어에 대한 문장구조나 형태론에 대한 능력이 거의 없다. 그러나 시간이 지나고 스스로 노력한 후에는 어휘력이 매우 높아지고 또한 외국어 단어들을 학습하는 경우 상당한 수준까지 그 어휘를 보유한다고 한다. 이것은 통사적 능력과 어휘적 능력은 우리의 뇌에서 조금 다르게 처리한다는 것을 시사한다.

앞에서 본 기억체계에서 단기기억과 장기기억의 과정이 완전히 분리되어 있다고 보기는 어렵다. 순차적인지 동시적인지 혹은 병렬적인지에 대한 논란은 있지만 이러한 기억들이 뇌의 특정 영역과 관련되어 있다는 것은 틀림이 없다. 물론 이 영역 문제조차도 그 세부적인 부분은 일치를 볼 수 없을 것이다. 그러나 PET나 fMRI와 같은 뇌 영상을 위한 과학 기기가 발달함에 따라 대체로 알려진 관련 부위가 있다.

이러한 관련 부위들에 대한 추정은 뇌손상을 입은 환자들의 연구결과에 근거하고 있다. 이에 따르면, 작업기억은 좌·우반구의 대뇌 피질 중에 전전두엽과 깊이 관련되어 있고 좌반구의 상측두엽과 우반구의 두정엽과도 관련이 있다. 한편, 외현기억 중에 일화기억이 있어야 하는 일에는 좌·우반구의 대상회(cingulate)부분, 해마, 시상이 활성화되고, 의미기억을 해야 하는 일에는 좌반구의 대상회의 피질부분이 활성화되는 것으로 나타났다. 그러나 암묵기억 중에 절차기억을 해야 하는 일에는 좌·우반구의 전전두엽과 기저핵 그리고 소뇌가 활성화되었다.

이러한 연구결과 중에서 언어와 관련된 부분을 다시 정리해보면 다음과 같다. 단기기억을 포함하는 작업기억은 우리 뇌의 바깥부분인 대뇌피질 중에 이마가 있는 가장 앞쪽부분과 관련이 깊다. 한편, 장기기억은 크게 두 가지로 나누어지는데, 외현기억은 대뇌피질과 더 관련이 깊고 암묵기억은 대뇌피질의 아래에 있는 피질하 구조의 기저핵과 더 관련이 깊고 소뇌와도 관련이 있다는 것이다. 여기에서 우리의 흥미를 끄는 것은 장기기억 중에 외현기억과 암묵기억에 관련된 부분이 서로 다르다는 것이다.

신경언어학에서는 외현기억과 암묵기억에 대한 차이를 수용하는 이론적 모델이 그렇지 않은 모델보다 우위를 차지하고 있다. 이러한 차이를 수용하는 모델은 자연스럽게 언어의 이중적인 체계를 인정하게 된다. 즉 언어는 규칙의 지배를 받는 심성 문법(mental grammar)과 심성 어휘집(mental lexicon)이라는 이중적인 체계를 가지고 있다는 것이다. 제2언어 학습에서 이를 지지하는 신경언어학자 중에는 Michael Paradis (McGill University), Michael T. Ulman(Georgetown University), Angela D. Friederici(Max Planck Institute) 등이 있다.

먼저 Paradis(1994)는 이중 언어 사용자들이 모국어와 제2언어를 서로 다른 기억체계에 가지고 있다고 주장하였다. 즉 모국어는 대부분 암묵기억에 들어 있고 제2언어는 대부분 외현기억에 들어 있다고 보는 것이다. 그 경계가 분명하지는 않으나 모국어를 습득하는 과정이 제2언어를 학습하는 과정보다 암묵적 처리 과정을 훨씬 더 많이 거친다는 것이다. 물론 모국어를 습득하는 과정에서도 명시적인 전략과 암묵적인 전략이 모두 사용된다. 그러나 학교 교실에서 문법 지식을 중심으로 제2언어를 배우는 과정에서는 명시적 전략이 훨씬 많이 사용된다는 것이다.

더 나아가 Paradis(2002, 2004)는 제2언어의 언어체계는 네 가지 기능을 가지고 있다고 제시하였는데, 화용적 체계와 동기부여 체계를 제외하면 두 가지가 있다. 첫째는, 인간이 가진 암묵적 언어 능력이다. 이것은 음운론, 형태론, 통사론, 의미론으로 구성되어 있으며 특별한 노력도 없이 그저 알게 되고 의식하지 않아도 기억되며 자동으로 사용된다. 이 체계는 절차기억에 저장되며 좌반구 외측구의 주변 즉 브로카 영역과 베르니케 영역과 관련이 있고 좌반구의 기저핵 그리고 오른쪽 소뇌와 관련이 있다고 하였다. 둘째는, 언어와 관련되는 의식적인 여러 가지 지식을 포함하는 상위언어학적 체계이다. 이것은 대부분 어휘와 마찬가지로 명시적 지식에 속하는데 해마체와 측두엽의 중앙부위와 관련이 깊다는 것이다. 이처럼 암묵적 언어능력은 절차기억과 연결하고 명시적인 지식은 외현기억과 직접적으로 연결했다.

또한, 그는 늦게 시작한 제2언어 학습자들이 상위언어학적 지식에서 점차 암묵적 언어능력으로 옮겨갈 수 있다는 여지를 남겨두고 있다. 그러나 이러한 전이가 결코 명시적 지식이 암묵적 언어 능력으로 바뀌는 것은 아니라고 말한다. 그럼에도, 그는 제2언어 학습방법에서 명시적 학습 방법과 암묵적 학습 방법을 다 인정하는데, 그중에서도 교실 수업이나 강의와 같은 직접적인 명시적 지식 주입이 아니라 제2언어에 반복적으로 노출시키면서 간접적이고 의사소통적인 방법을 권하고 있다. 이러한 그의 주장은 Krashen, N. Ellis 등과 같은 제2언어 습득학자들의 주장과 맥을 같이 한다.

한편, Ulman(2001, 2004)은 더욱 분명하게 제2언어의 이중적인 체계를 주장한다. 제2언어 학습자와 모국어 습득자는 어휘와 문법을 다른 곳에 저장하고 있다는 것이다. 즉 모국어 습득자는 대부분 어휘를 절차기억에 담고 있지만 제2언어 학습자는 이와 달리 모든 어휘를 서술적 외현기억에 가지고 있다는 주장이다. 즉, 제2언어의 어휘지식을 학습하고 그 어휘를 사용하는 것은 측두엽에 근거하는 외현기억과 관련된다는 것이다. 그는 문법에서도 제2언어 학습은 모국어 습득과 다른 부위가 활성화한다는 주장을 하였다. 즉 모국어의 문법은 은연중에 습득되고 전두엽과 기저핵의 앞부분이 활성화하지만 제2언어의 문법은 명시적으로 학습되어야 하고 왼쪽 측두엽 부분이 활성화한다는 것이다.[1] 이 두 가지 기억 체계는 서로 협동적이고도 경쟁적으로 상호작용한다. 다시 말하면, 외현기억 체계의 기능이 높아지면 절차기억의 기능이 저하될 수 있고 그 반대도 성립한다는 것이다. 이것이 제2언어 학습에 주는 의미가 크다고 하겠다. 즉, 제2언어 학습에서 외현기억의 기능을 강화시키면 상대적으로 절차기억의 능력이 감소하고 반대로 절차기억의 기능을 강화시키면 그에 상응하여 외현기억의 기능이 약화한다는 것을 의미한다. 이처럼 모국어의 습득과 제2언어의 학습은 어휘와 문법에 따라서 매우 다르다는 그의 주장을 "Declarative/Procedural"(DP) Model이라 부르기도 한다.

---

[1] 그러나 문법적 능력에 있어서도 늦게 시작한 L2 학습자의 숙달도가 올라가면 L1과 같은 부위가 활성화한다는 주장을 지지하는 연구결과가 나오고 있는 것도 사실이다.

DP 모델을 따른다면, 늦게 시작한 제2언어 학습자들은 주로 어휘나 서술적 외현기억에 대한 의존도를 늘리고 문법이나 절차기억에 대한 의존도는 줄이는 것이 낫다고 볼 수 있다. 특히 제2언어의 숙달도가 낮은 사람은 복잡한 문장구조도 덩어리로 잘라서 외우거나 단어와 단어를 연결하는 고리로서 기억하는 것이 더 나을지도 모른다. 그러나 이 모델에서도 목표언어에 대한 많은 노출과 연습이 따르는 충분한 경험에 의해 L2 학습자도 L1 습득자에 가까운 능력을 가지게 될 수 있다는 견해를 가지고 있다.

제2언어의 언어 체계에 대하여 위의 두 학자와 그 동료들은 상당히 비슷한 주장을 한다고 볼 수 있다. 반면에, Friederici와 그녀의 동료들은 문장 이해에 관한 통사적 처리에서는 DP 모델을 지지하지만 문장의 생산이나 어휘적 처리에서는 조금 다른 입장을 가지고 있다. 문장 이해에 있어서도 목표언어의 숙달도에 따라 차이가 있다고 보는 견해를 가지고 있다. 숙달도가 낮은 L2 학습자는 외현기억과 관련된 해마체와 측두엽에 의존하고, 숙달도가 높은 L2 학습자는 측두엽의 작용이 줄어들고 모국어 습득자와 비슷하게 브로카영역이 활성화한다는 것이다. 그러나 L2 어휘 처리에서는 숙달도와 관계없이 모국어 습득자와 비슷한 처리를 한다고 주장한다. 이들의 주장을 따르면 L2 숙달도가 낮은 사람은 문법과 어휘에서 모두 외현기억을 사용하고 L2 숙달도가 높은 사람은 어휘는 외현기억을 사용하지만 문법은 절차기억에 상당히 의존한다고 말할 수 있다.

이와 같은 여러 가지 주장을 바탕으로 Short(2007)는 명시적 혹은 암묵적 학습 조건이 제2언어의 학습 발달에 어떠한 영향을 끼치는지 알아보려고 BROCANTO2라는[2] 인공언어를 가지고 실험하였다. 이중언어 사용자가 아닌 42명의 영어 모국어 성인 화자를 대상으로 먼저 네 가지 종류의 컴퓨터 게임에 익숙해지도록 그 과정을 거친 후에 암묵적 조건과 명시적 조건을 설정하고 두 차례에 걸쳐 훈련하였다. 각 훈련 후에는 컴퓨터게임 형식의 퀴즈, 문장 독해 문제, 연습시간을 주었다. 그 공통적인 훈련 조건은 다음과 같다.

3) a. 컴퓨터 게임판에서 BROCANTO2의 구와 문장 예문의 발음에 노출한다.
   b. 간단한 구에서 시작하여 점차 간단한 문장, 복잡한 문장으로 나간다.
   c. 어휘 중에 명사, 관사, 형용사, 동사, 부사를 양쪽 조건에 비슷한 빈도로 사용한다.
   d. 어떤 조건에도 영어로 번역하여 제시하지 않는다.
   e. 같은 시간의 훈련을 받을 수 있도록 컴퓨터 프로그램을 조정한다.
   f. 피험자가 임의로 프로그램을 조작할 수 없도록 한다.

---

[2] BROCANTO2는 Friederici e al.(2002)에서 사용한 14개의 독일어 발음이 가능한 가상 어휘를 가진 인공언어인 BROCANTO를 약간 변형한 것이다. 영어 발음이 가능한 13개의 가상단어로 대치하였고 문법은 로망스언어에 가깝게 조정되었다. 이 언어는 배우기 쉽고 굴절어미가 없고 SOV어순을 가지며 자연언어의 공통적인 특징과 매우 생산적인 특징을 가지고 있다.

여기에서 두 가지 훈련방법의 차이는 명시적 훈련에는 예문에 대한 상위언어학적 설명을 들려주면서 함께 예문을 제시하였고 암묵적 훈련에는 설명하지 않고 예문만을 제시하였다. 여기에서 상위언어학적 설명으로서 각 품사의 기능과 규칙을 다섯 번에 나누어 설명하고 총 33개의 예문을 제시하였다. 반면에, 암묵적 훈련에는 33개의 같은 예문을 설명 없이 컴퓨터 게임의 형태로 제시하였고 명시적 훈련과 시간을 맞추려고 설명 시간만큼 추가적인 예문들을 제시하였다.

문장 독해, 문법판단, 정확도 등을 측정하는 행동반응 실험과 ERP 실험은 첫 번째 훈련과정 후와 두 번째 훈련과정 후에 행해졌으며 각각 구 구조, 일치, 동사 논항구조에 대하여 문법적으로 틀린 문장들을 통제문장들과 함께 제시하고 나서 측정하였다. 행동반응 실험 결과 숙달도가 낮은 초기에는 일치 문제에 대하여 설명을 들은 명시적 훈련 그룹이 정확도가 조금 높았으나 문장 독해 실험에서는 암묵적 훈련그룹의 반응시간이 조금 빨랐다. 그러나 그 이후 실험에서는 두 그룹 간에 유의미한 차이가 나오지 않았으므로 훈련방법의 차이가 어떤 효과를 유발했다고 보기 어려웠다.

ERP 실험의 결과는 조금 다르다. 암묵적 훈련을 받은 그룹은 구구조와 일치가 문법적으로 틀린 문장은 숙달도에 따라 다른 ERP 컴포넌트를 보였다. 숙달도가 낮을 때에는 N400이 나타났으나 숙달도가 높아짐에 따라 LAN과 P600을 나타내었다. 반면에 명시적 훈련을 받은 그룹은 숙달도가 낮을 때에는 동사 논항구조가 틀리면 350~600ms 사이에 정반응을 보이고 숙달도가 높아졌을 때에는 일치가 틀리면 P600

을 보였고 구구조가 틀리면 350~600ms 사이에서 정반응을 보였을 뿐이다. 이 결과의 차이점은 명시적 훈련을 받은 그룹에서는 어떤 경우에도 LAN를 보이지 않았다는 것이다. 이 연구는 LAN이 암묵기억 체계에 속한 절차기억을 반영한다는 가정을 따라 다음과 같은 결론을 내고 있다.

4) a. 숙달도가 낮을 때 명시적 훈련방법이 약간 유리할 수 있으나 그 효과가 이후에는 지속하지 않는다.
   b. L2에 대한 노출과 컴퓨터 게임을 수행하기 위하여 L2를 사용하는 것만으로도 L2의 학습 발달은 충분하게 이루어진다.
   c. 두 가지 훈련방법이 행동발달 실험에서는 큰 차이를 유발하지 않으나, ERP 실험에서는 숙달도가 높아질 때 큰 차이를 유발한다.
   d. 암묵적 훈련 방법이 숙달도가 높아질 때 ERP 실험에서 모국어 습득과 비슷한 결과를 보여준다.

이 연구는 훈련 방법의 차이가 곧 학습 결과의 차이를 유발할 수 있는지에 대한 최초의 연구이므로 아직 일반화하기는 이르지만 제2언어 학습에 대하여 의미하는 바가 상당히 크다고 하겠다.

학습이라는 과정은 또 다른 말로 하면, 단기기억에 들어온 정보를 장기기억으로 이동시켜 안정화시키는 혹은 경화(consolidation)시키는 일이다. 우리 뇌의 피질과 내측두엽에 있는 해마체에 제2언어에 대한 정보가 들어오면 새로운 시냅스 연결이 생기면서 뉴런들이 활성화한다. 순간적 혹은 즉각적인 기억은 피질에서 수많은 뉴런 사이의 시냅스 연결들에 의해 부호화된다. 이때 위의 주장을 따라 추정해 보면, 암묵적 훈련을 받고 충분한 연습을 함으로써 시냅스 연결에 의한 부호화된 정보가 기저핵까지 갈 수 있게 되고 궁극적으로 우리의 L2가 모국어와 비슷한 경지에 도달할 수 있을 것이다. 또한, 이러한 일시적인 연결 상태는 정상적인 수면 중에 장기기억으로 전환된다고 알려졌으므로 양질의 수면도 학습에 중요한 역할을 한다고 보아야 할 것이다. 더 영구적인 기억을 위해서는 단백질 합성이 요구되는데 이로 말미암아 시냅스 연결을 만드는 구조인 수상돌기 가시(spine)가 성장하게 된다. 그러므로 새로운 학습을 하면 그것이 고정될 때까지 어느 정도 시간이 걸리는 것으로 알려졌다.

한편, Schumann et al.(2004)은 언어 학습에 영향을 끼치는 요소에는 기억 이외에도 동기부여(motivation), 주의력 집중(attention)과 같은 변수가 있다고 제시하였다. 그가 인용한 것을 따르면 우리의 뇌는 내·외부로부터 자극을 받으면 다음과 같은 다섯 가지 기준에 의하여 그 자극을 평가하는 체계를 편도체와 전두엽의 한 부분에 가지고 있다고 한다.

5) a. 이 자극이 얼마나 새로운 것인가?
   b. 이 자극이 나에게 즐거움을 주는가?
   c. 이 자극이 내 목적을 달성하는 데 얼마나 도움이 되는가?
   d. 이 자극이 내 이상이나 사회적 이미지에 맞는가?
   e. 이 자극을 처리할 능력이 나에게 있는가?

이러한 기준에 의한 평가를 통하여 학습자는 다양한 동기부여를 받게 된다. 언어학습에서는 목표언어의 숙달도가 모국어 사용자의 그것에 도달할 때까지 학습을 지속할 수 있도록 해주는 동기부여가 가장 바람직한 것이다.

주의력 집중은 위에서 제시한 다섯 가지 기준에 의한 지속적인 자극 평가와 평가 간의 경쟁에 의하여 달라진다고 한다. 이것은 제2언어를 늦게 배운 이들이 가지고 있는 화석화된 오류(fossilization)를 고치는 데에도 꼭 필요한 과정이라고 한다. 그들이 제시하는 것 중 제2언어 학습에 필요한 요소는 동기부여와 주의력 집중이 계속되는 가운데 많은 연습을 통하여 절차적인 기술(procedural skill)을 익히는 것이라고 하겠다.

3. 영어교육을 위한 시사점

제2언어 습득을 위한 특별한 메커니즘이 우리 뇌에 따로 존재하는 것은 아니라는 것이 기억과 학습의 연구에서 나오는 결론이라고 할 수 있다. 특히 제2언어 학습에 대하여 기억을 중심으로 연구하는 학자들은 이러한 가정을 바탕으로 하고 있다. 일반적인 학습에 관여하는 인지적 과정으로 기억과 관련된 연구에서 지속적으로 나오는 결과에 근거를 둔다면 영어교육에 대하여 다음과 같은 것을 우리에게 시사해 주고 있다.

첫째, 영어 학습에는 개인적인 차이가 존재하는데 그것은 기억과 관련된 적성, 동기부여, 주의력 집중에서 다양한 차이점이 존재하기 때문이다. 자극에 대한 적극적이고 긍정적인 평가가 동기부여를 높이고 성공적인 학습을 유도할 수 있으므로 영어 교육자는 학생들에게 혹은 학생 개인에게 영어에 대하여 긍정적인 관점과 마음가짐을 심어주고 지속적으로 동기부여를 하는 것이 바람직하다.

둘째, 외현기억을 필요로 하는 작업은 대뇌피질에서 더 많은 활성화를 볼 수 있고 암묵기억이 있어야 하는 작업은 기저핵에서 더 많은 활성화가 나타난다고 하였다. 그러나 이 두 가지 작업은 영어 학습 과정에서 모두 일어난다고 볼 수 있다. 여기에서 우리는 어린아이의 영어 교육 방법과 사춘기가 지난 후에 시작하는 학생의 영어 교육 방법에 차이를 두어야 한다는 생각을 하게 된다.

우리나라에서 영어 조기 교육은 대세라고 할 수 있다. 부모들이 아주 어려서부터 비디오나 TV를 통하여 아이들을 영어에 노출시켜주는 경우가 대부분이다. 그러나 이때 가장 중요한 점은 그 과정이 아이에게 놀이가 되어야지 학습을 시도하거나 학습의 개념을 넣는 것은 바람직하지 못하다고 할 수 있다. 아이들에게 영어가 암묵적 지식이 되도록 노력해야 함을 이 연구들이 우리에게 말하고 있다.

반면에, 중학교 이상의 교실 수업에서는 영어에 대하여 명시적으로 품사, 구의 구조, 문장의 구조를 설명하는 문법교육이 필요하다. 다만, 지나치게 명시적 학습을 강요하는 문법 교육은 지양하고 오히려 간단한 문법 규칙이라도 그것을 적용하는 연습(practice)을 통하여 자연스럽게 암묵적 지식이 될 수 있도록 해야 할 것이다. 연습만이 우리의 뇌에서 해마의 회로를 약화시키는 동시에 기저핵의 회로를 강화할 수 있다고 한다. 기저핵의 기능을 강화시킴으로써 영어 원어민에 가까운 영어 구사력을 가질 수 있는 신경생물학적 근거를 가지게 된다.

　셋째, 음운론, 형태·통사론과 같은 언어구조에 관한 지식은 암묵기억에 속하는 절차기억에 의하여 보유되고 사용되지만 단어의 발음이나 의미는 의식적으로 학습하는 외현기억에 관계된다고 한다. 학생들에게 이러한 차이를 설명해 주는 것이 필요할 것 같다. 문장구조에 대한 지식과는 달리, 학생들이 어휘에 대한 지속적인 관심과 자발적인 훈련을 통하여 그 지식을 꾸준히 축적해 나간다면 원어민 못지않은 실력을 갖출 수 있다는 자신감을 심어주는 것이 영어의 능력을 보충하는 방법의 하나가 될 수 있다.

§ 요약

이 장에서는 인간의 기억 체계를 분류하고 각 부분을 설명하였다. 외현기억과 암묵기억에 속하는 하부구조는 우리의 학습과 관련되어 있다. 모국어의 습득은 주로 암묵기억체계에서 담당하고 제2언어의 학습은 외현기억체계에서 담당한다고 본다. 또한, 뇌에서 활성화되는 부위를 보면 해마가 모든 기억체계의 통로가 되기는 하지만 모국어를 구사할 때는 주로 뇌의 속 부분인 기저핵이 활성화하고 제2언어를 구사할 때는 주로 뇌의 겉 부분인 피질이 활성화한다. 그러나 제2언어의 숙달도가 높은 사람은 그렇지 않은 사람보다 기저핵이 더 활성화한다는 연구에 근거하여 암묵적 훈련 방법과 많은 연습만이 이러한 차이를 극복하는 방법이라고 제안하였다.

□ 핵심 단어 □

외현기억(explicit memory) = 서술적 기억(declarative memory)
암묵기억(implicit memory) = 비서술적 기억(non-declarative memory)
의미기억(semantic memory)
일화기억(episodic memory)
절차기억(procedural memory)
동기부여(motivation)
주의력 집중(attention)

제10장 언어 전이

　신경언어학에서 모국어와 제2언어를 다루는 논문들은 두 가지 언어 모두가 인도-유럽어족(Indo-European language family)에 속하는 경우가 대부분이었다. 세계 인구의 약 45%가 사용하고 있는 인도-유럽어는 가장 방대한 어족을 이루고 있으며 유럽에서 사용되는 대부분의 언어가 여기에 속한다. 그러나 한국어는 알타이어족(Altaic language family)에 속해 있다는 것이 일반적 견해이며 독립어(language isolate)라는 주장도 있다. 역시 독립어로 분류되는 일본어와 공통점이 가장 많다고 한다. 한편, 중국어는 중국-티베트어족(Sino-Tibetan language family)에 속해 있다.

　최근에 와서 서로 다른 어족에 속하는 언어들을 대상으로 하는 연구가 시작되고 있다. 그런 가운데 우리나라의 영어 교육자들이 마음속에 품고 있는 의문은 과연 한국어가 영어 학습에 영향을 주는지, 그렇다면 그 영향이 어디까지인가 하는 것이다. 이 장에서는 제2언어 학습에서 모국어가 주는 영향을 연구 논문들을 바탕으로 생각해 보고 그것이 우리에게 시사하는 바가 무엇인지 숙고해 본다.

1. 모국어의 영향은 있는가?

우리가 모국어를 사용할 때에는 두뇌의 바깥쪽을 싸고 있는 피질 부분보다 그 내부에 있는 기저핵과 후두엽 아래에 있는 소뇌 부분이 더 활성화한다는 것을 앞 장에서 다루었다. 반면에, 공식적으로 학교에서 배운 L2를 사용할 때에는 두뇌의 피질 부분이 더 활성화한다고 알려졌다. 그러면 이중 언어 사용자들이 그중에 어느 한 언어를 사용할 때 두뇌에서는 어떤 일이 일어날까에 대한 연구를 보기로 하자.

이중 언어 사용자(bilingual)가 어느 한 가지 언어로 읽고 이해할 때에는 두 언어가 모두 병행하여 활성화한다는 주장이 일반적이다. 반면에, 말을 할 때에는 두 가지 주장이 나누어져 있다. 첫째로, L1과 L2 중에서 목표언어만이 선택되어 활성화 수준을 높임으로써 그 언어의 단어만 선택하여 말한다는 것이다. 둘째로, 독해할 때와 마찬가지로 두 언어의 단어들이 병행하여 활성화되어 선택에 대한 잠재적인 후보가 된다는 것이다. 이에 대하여 Kroll et al.(2008)은 그동안의 다른 연구들에 근거하여 두 번째 주장을 지지하면서 L1과 L2의 상호관계에 대하여 다음과 같은 결과를 도출하고 있다.

1) a. 이중 언어 사용자가 한 가지 언어로 말할 때에도 뇌에서 두 언어가 모두 활성화한다.
   b. 비 목표언어의 활성화에 따라 나타나는 뇌파의 시간과 진폭은 두 언어의 상대적 숙련도에 따라 조금씩 다르다.
   c. 두 언어가 모두 활성화함으로써 일어나는 처리 비용은 P200,

N300, N400 효과 등에 반영된다.
d. 두 언어를 혼합하거나 전환하는 일은 말하려는 시점에서부터 일어나서 끝날 때까지 지속한다.
e. 이중 언어 사용자의 음운적 단계에서는 두 언어에 상호 간섭이 일어난다.
f. 이중 언어 사용은 전형적인 실행 기능의 영역인 좌측 후측면 전전두엽(left dorso-lateral prefrontal cortex)과 보조 운동영역 (supplementary motor area)이 관련된다.
g. 좌측 전전두엽과 앞쪽 대상회 피질(anterior cingulate cortex)에는 L1과 L2의 표상을 조정하는 단일 네트워크가 있다고 본다. 이 영역들은 단일 언어를 구사하는 데 관여하는 영역들과 다르다.

결론적으로 연구자들은 억제(inhibition) 처리 기능을 가진 이러한 영역들이 이중 언어 사용자로 하여금 사용하는 언어를 적절히 선택할 수 있도록 도와준다고 주장한다.

제1언어의 영향과 관계된 가설로는 Competition Model이 있다 (MacWhinney, 1997). 제2언어 학습에는 언어 처리 과정에 사용되는 신호의 강도(the strength of cues)가 중요한 요소인데, 학습자에게 입력되는 신호의 강도는 확실성과 가용성에 근거하므로 제1언어가 강하게 확립되어 있을수록 제2언어 학습은 더 어려울 수 있다는 것이다. 그러나 두 언어가 공통점이 많으면 L1과 L2 신호들 사이에 경합이 일어나지 않기 때문에 L1의 지식을 L2로 전이하여 사용하는 반면에, 두 언어가 매우 다르면 그 신호들이 서로 경합하게 되므로 부정적인 전이가 일어난다. 그러므로 제2언어에만 있는 독특한 문장구조는 제1언어와 경합이 없으므로 그 문장구조 신호의 가용성과 유효성이 얼마나 학습이 잘 이루어지는가를 결정하게 된다는 것이다. 이 모델은 제2언어 학습을 시작하는 나이의 영향과 제1언어의 전이를 동시에 설명하고자 한다.

다음은 제1언어의 영향을 추정할 수 있는 신경언어학적 연구들을 보기로 하자. 제2언어를 자료로 한 일련의 연구를 보면 L1이 무엇이냐에 따라 나타나는 ERP 컴포넌트가 다르다는 것을 알 수 있다(Hahne & Friederici, 2001, Hahne, 2001, Rossi et al., 2006, Ojima et al., 2005). L1이 러시아어나 이탈리아어인 경우에는 L2인 독일어나 영어에 대하여 숙달도와 상관없이 P600을 보였다. 그러나 L1과 L2가 다른 어족에 속하는 경우, 예를 들면, L1이 일본어이면 L2인 영어에 대하여 숙달도가 중급이든 상급이든 모두 P600을 보이지 않는다는 것이다. 영어의 주어-동사 일치가 이루어지지 않은 다른 문장에 대하여 일본어 화자에게서 P600이 발견되지 않았다는 것은 그것을 통사적인 문제로 인식하지 않는다는 것을 의미한다고 할 수 있다.

이것은 통사적 차이가 큰 언어 간에 통사적 처리 과정이 다를 수 있다는 연구를 보면 이해할 수 있다. 예를 들면, 일본어를 모국어로 하는 화자는 일본어의 의문사구가 문두로 갔든지 혹은 내포절의 제자리에 있든지 간에 내포절 안에서 해석한다고 한다. 그러나 영어를 모국어로 하는 화자는 영어의 의문사가 문두에 있을 때 그 의문사가 다른 곳에서 왔다고 생각하고 그 원래의 자리를 찾는 filler-gap 의존성을 보인다는 것이다(Aoshima et al., 2004).

한편, 중국어 화자들을 대상으로 한 연구에서도 이와 비슷한 결과를 볼 수 있다. Chen et al.(2007)은 영어를 12세 무렵부터 배우고 숙달도가 비교적 높은 중국에 사는 15명의 대학·대학원생을 대상으로 영어의 주어-동사 일치문제를 다루기 위하여 문법성(grammatical/ungrammatical)과 동사와 동사에 인접한 명사구와의 조화성(congruent/incongruent)을 조건으로 하여 실험하였다.[3]

2) a. The price of the car was too high. (G-C)
   b. The price of the cars was too high. (G-I)
   c. *The price of the cars were too high. (U-C)
   d. *The price of the car were too high. (U-I)

피험자들은 행동반응 실험에서 비문법적인 문장들에 대해 매우 빠른 반응을 보임으로써 일치문제에 예민하다는 것을 보여주었다. 그러나 ERP 실험의 결과는 통제그룹인 영어원어민과 매우 다른 ERP 컴포넌트를 나타내었다. 예문 (2b)에 대해서는 왼쪽 뇌와 중간의 전극에서 P600과 유사한 요소를 보였으나 예문 (2c)와 (2d)에서는 뜻밖에도 매우 강한 부반응을 보였다. 잠정적으로 N600이라 부를 수 있는 요소를 보인 것이다. 이에 대한 정확한 해석은 아직 없으나 이것이 시사하는

---

[3] 중국어에는 주어-동사 일치가 없으며 이것이 중국학생들이 가장 어렵게 생각하는 영어의 문법적 특성 중의 하나라고 한다.

바는 제2언어의 숙달도가 아무리 높다 해도 중국어에 없는 문법적 요소에 대해서는 영어 모국어 화자와는 판이한 ERP 반응을 보인다는 것이다.

그러면 이와 같은 문제에 대하여 뇌의 활성화 정도에 대한 일련의 fMRI 연구를 보자. Lehtonen, et al.(2009)은 이중 언어 구사자가 구조적으로 매우 다른 언어를 어릴 때부터 습득했을 때 두 언어의 굴절어미변화 형태에 대하여 뇌가 어떻게 반응하는지에 대한 실험을 하였다. 핀란드어를 모국어로 하고 어릴 때부터 스웨덴어를 습득한 16명의 대학생을 대상으로 fMRI 연구를 시행한 결과는 다음과 같다.[4]

3) a. 브로카 영역에 속하는 BA 44에서 어형 변화를 한 핀란드어 명사는 어형변화를 한 스웨덴어 명사보다 더 큰 활성화를 보였다.
b. 어형 변화가 없는 한 음절 명사에 대해서는 두 언어 간에 차이를 보이지 않았다.
c. 스웨덴어 단어에서는 어형 변화를 한 명사와 한 음절 명사에서 아무런 차이를 보이지 않았다.

이와 같은 결과는 모국어의 굴절어미를 가진 단어에 대해서는 분해해서 기억하지만 아무리 어려서부터 익힌 L2라 하더라도 L2의 단어는 통째로 기억한다는 것을 의미할 수 있다. 그리고 연구자들은 이러한 차이가 두 언어의 구조상의 차이에 의한 결과라고 결론지었다.

---

[4] 스웨덴어(Swedish)는 Indo-European 어족 중에 북부 게르만어(North Germanic)에 속하고 핀란드어(Finnish)는 Finno-Ugric 어족에 속한다.

한편, 한국어를 모국어로 하는 화자가 영어의 통사적 복잡성을 어떻게 인지하는지에 대한 연구가 있다. Suh et al.(2007)은 한국인 중에 영어를 늦게 배운 피험자들을 대상으로 통사적 복잡성이 다른 문장들을 영어와 한국어로 제시한 결과 활성화된 부분은 공통적이었으나 왼쪽 하전두회에 나타나는 활성화 방식이 달랐다. 모국어인 한국어 자료에 대해서는 관계절을 가진 복문(complex sentence)이 등위접속사를 가진 중문(compound sentence)보다 활성화가 더 크게 나타났지만 영어 자료에 대해서는 두 문장 간에 그러한 차이를 보이지 않았다. 그러나 통제 그룹인 영어 모국어 화자들에게서는 예상한 대로 복문이 중문보다 활성화가 더 크게 나타났다. 이 결과는 한국어 화자가 L2인 영어의 통사적 복잡성을 인지하지 못함을 시사한다고 하겠다.

더 나아가 L1과 L2를 더 다양한 조합으로 비교한 연구가 있다. Jeong et al.(2007)은 한국어와 중국어를 각각 모국어로 하는 화자들에게 영어와 일본어의 문장이해검사를 하였다. 한국어를 L1으로 하는 그룹이 중국어를 L1으로 하는 그룹보다 영어를 사용할 때 왼쪽 IFG, 양쪽 상측두회(STG)의 뒷부분, 그리고 오른쪽 소뇌에서 활성화되는 부분이 훨씬 컸다. 그러나 두 그룹이 일본어를 L2로 사용할 때에는 중국어를 L1으로 하는 그룹이 왼쪽 상측두회의 앞쪽 부분에서 더 큰 활성화를 보였다. 이것은 L1-L2의 쌍이 무엇이냐에 따라 활성화되는 부분이 다르다는 것을 말해 준다. 이 결과를 해석한다면 L1 한국어-L2 영어의 쌍과 L1 중국어-L2 영어의 쌍에서는 한국어-영어의 언어적 차이가 더 크다고 볼 수 있다. 또한 L1 한국어-L2 일본어의 쌍과 L1 중국어-L2 일본어의 쌍에서는 중국어-일본어의 언어적 차이가 더 크다고 볼 수 있다. 이처럼 두 언어 간의 상대적인 언어적 차이가 L2 습득에 영향을 준다고 말할 수 있다.

또 다른 연구인 Jeong, et al.(2007)은 삼중 언어 사용자(trilingual)를 대상으로 실험하였다. 한국어를 모국어로 하고 영어와 일어를 같은 숙달도로 구사할 수 있는 피험자들을 대상으로 세 가지 언어를 들으며 문장이해 검사를 하는 과정을 fMRI로 측정하였다. 세 가지 언어에서 공통적으로 좌·우반구의 상측두피질(superior temporal cortex)이 활성화되었다. 그러나 미세한 부분에서는 차이가 있었다. 먼저 영어나 일어를 할 때는 추가로 왼쪽 IFG의 삼각부(pars triangularis)가 활성화되었다. 특이한 것은 영어를 들을 때에는 오른쪽 소뇌, 왼쪽 IFG의 덮개부분(pars opercularis)과 SFG의 후내측부분(posteriormedial part)이 더 많이 활성화되었지만 일본어를 들을 때에는 한국어와 별로 다르지 않다는 것을 발견하였다. 연구자들은 왼쪽 IFG의 덮개부분과 오른쪽 소뇌의 활성화는 한국어와 영어가 통사적인 차이가 크다는 것을 반영하고, 우반구의 상측두피질에 일어난 활성화의 차이는 한국어와 영어, 일본어의 억양과 운율의 차이가 크다는 것을 반영한다고 보았다. 이처럼 L1과 L2의 차이에 따라 L2의 처리 과정에서 뇌의 활성화 부분이 달라진다는 것을 보여주었다.

이와 같은 문제를 제2언어 학습의 관점에서 보면 L1과 L2가 서로 비슷한 구조면 긍정적인 전이가 일어나겠지만 서로 다른 구조일 때에는 L1이 간섭을 일으켜 학습이 느리게 나타나리라고 말할 수 있다.

L1과 L2가 구조적 유사성이 없는 경우에는 오히려 L2 학습자의 숙달도와 통사적 복잡성의 차이가 더 큰 영향을 준다는 연구도 있다.

또한 L1-L2의 차이는 통사적 처리에도 영향을 준다. L1에 없는 문법을 가지고 통사적 처리를 하는 시간은 L1에 있는 문법을 처리하는 시간보다 더 소요된다. 그뿐만 아니라 L2 학습자는 3년이 지나야 통사적 처리에서 모국어 화자와 같은 ERP를 보인다는 연구도 있다. 이러한 연구들은 L1의 영향이 주로 통사적 구조에서 더 많이 나타난다고 보는 듯하다. L1-L2의 어휘처리는 뇌에서 같은 부위가 활성화된다는 주장이 일반적이고, 발음에 관해서도 숙달도가 높아져 갈수록 원어민과 같아질 수 있다는 주장을 볼 때 통사적 처리에서 L1의 전이가 가장 큰 영향을 준다고 말할 수 있다.

2. 영어교육을 위한 시사점

위의 연구들을 근거로 생각해 보면 우리나라 학생들이 영어 문법을 어렵다고 생각하고 영어 문법이 영어 학습 중에서 가장 좋아하지 않는 부분이라는 것을 짐작할 수 있다. 영어와 한국어는 다른 어족에 속해 있으며 매우 다른 언어 구조로 되어 있다. 어려서 영어에 노출되어 암묵적인 학습을 할 수 있으면 이러한 점이 별로 영향을 주지 않을 수 있다. 그러나 그보다 늦게 혹은 사춘기가 지나서 영어를 배우기 시작하면 한국어로부터 부정적 전이가 일어난다고 볼 수 있다. 특히 교실 환경에서 배울 때 더욱 그렇다고 할 수 있다.

　이러한 점들이 영어 교육에 시사하는 바는 무엇일까? 먼저 명시적인 학습을 시켜야 하는 환경에서는 두 언어의 차이를 학생에게 먼저 인식시키는 것이 필요하다고 본다. 그러려면 가장 중요하고도 근본적인 차이를 설명하는 것이 필요하다. 그것은 어순(word order)의 차이일 것이다. 고대 영어는 우리말과 같은 어순을 가졌지만 지금의 영어는 그렇지 않다. 영어가 역사적으로 변화한 과정과 이유를 설명하는 것도 학생들에게 약간의 안도감을 줄 수 있다. 또한 현재의 영어와 우리말의 어순을 설명하는 데에는 핵-매개변인(head parameter)을 이해시키는 것이 필요하다. 우리말은 보충어-핵의 순서를 가진 후핵 언어(head-final language)이고 영어는 핵-보충어의 순서를 가진 선핵 언어(head-initial language)라는 점이 문장의 구조뿐만 아니라 구의 구조에도 적용된다는 점을 실제 예문을 통해 보여주는 것이 바람직하다.

§ 요약

이 장에서는 제1언어가 제2언의 학습에 끼치는 영향에 대한 모델과 신경언어학의 실험연구들을 소개하였다. 이 연구들의 결과는 제2언어 학습에 모국어의 영향이 있으며 두 언어가 비슷한 구조를 가지고 있으면 긍정적인 영향을 주지만 매우 다른 구조를 가지고 있으면 학습자의 뇌에서 다른 ERP 컴포넌트를 나타내고 또한 조금씩 다른 부위가 활성화된다는 것을 보여주었다. 이 점을 고려한다면 영어교육에서 한국어와 영어의 문장 구조가 가진 기본적인 차이점들을 먼저 인식시키는 것이 필요하다고 제안하였다.

□ **핵심 단어** □

언어 전이(language transfer)
Competition Model
핵-매개변인(head parameter)
후핵언어(head-final language)
선핵언어(head-initial language)
어순(word order)

제11장 습득의 나이와 숙달도

　제2언어에 언제부터 노출되어 습득을 시작했는지를 가리키는 습득의 나이(Age of Acquisition, AoA)와 L2를 얼마나 잘하는지, 즉 언어 운용 능력의 수준이 초급, 중급, 고급 중 어느 것인지를 가리키는 숙달도(Proficiency Level, PL)의 관계에 대한 연구는 논란이 많은 분야이다. 이 두 가지 쟁점은 L2 학습에 관한 신경언어학 연구의 많은 부분을 차지한다.

　전통적으로 결정적 시기가설(Critical Period Hypothesis)은 오랫동안 많은 지지를 받아왔다. 신경언어학 연구에서도 L2 학습에서 AoA가 PL보다 더 중요한 요소라는 주장을 한 연구가 많이 있었다. 그러나 90년대 후반에 들어오면서 PL이 AoA보다 더 영향을 끼친다는 주장이 나오기 시작하였다. 이 장에서는 이 두 가지 문제에 대한 연구들을 살펴보고 영어 교육에서 의미하는 바를 짚어본다.

1. 습득 나이의 중요성

나이는 언어와 밀접한 관계가 있다. 어른들과 아이들이 사용하는 말이 똑같을 수 없듯이, 모국어 화자에 있어서도 나이에 따라 뇌파도에 차이가 있다는 것을 Holcomb et al.(1992)이 보여주었다. 영어를 모국어로 하는 5세에서 26세까지의 피험자 130명을 대상으로 2~3년씩 구분하여 열 개 그룹으로 만든 다음 ERP 검사를 하였다. 다음과 같이 맥락상으로 완벽한 문장과 맥락이 맞지 않은 문장을 보여주거나 들려주었다. 단 문장을 보여주는 검사에서 5~6세 그룹은 읽기가 원활하지 않을 수 있으므로 제외하였다.

1) a. We saw elephants and monkeys at the zoo.
   b. We bake cookies in the oven.
   c. *Kids learn to read and write in finger.
   d. *Mother wears a ring on her school.

실험 결과, 예문 (1c)와 (1d)에서 모두 N400이 나타났지만 나이가 어릴수록 그 진폭이 크고 잠재기가 길다는 것을 보여주었다. 즉 N400의 잠재기와 진폭은 나이와 반비례한다는 것이다. 또한, 성인은 N400이 주로 뇌의 뒤쪽에서 뚜렷하게 나타나지만 어린이는 뒤쪽에서부터 앞쪽으로까지 퍼져서 나타났다. 어린이가 보여주는 이러한 차이는 아마도 어린이에게만 있는 어떤 주의 집중을 반영하는 것으로 추정하였다. 이처럼 의미적 판단을 요하는 실험에서 모국어 화자인 성인과 아이들이 조금씩 다른 ERP 파형을 보였다.

 그뿐만 아니라 영어 모국어 화자의 의미적 판단을 통사적 판단과 함께 다룬 연구가 있다. Atchley et al.(2006)에 따르면 영어 모국어 화자들이라 하더라도 성인과 아이들은 ERP가 발생하는 장소, 잠재기 그리고 진폭에서 차이가 있다고 한다. 10세 어린이 14명과 20세의 성인 15명에게 다음과 같은 영어 문장을 들려준 후 판단에 따라 각각 1번(=good)과 2번(=not so good)을 누르게 하면서 ERP를 측정하였다.

2) a. control sentence : Where does a boy like to play?
   b. semantic anomaly : Where does a chair like to play?
   c. verb drop violation : Where a boy like to play?
   d. agreement violation : Where do a boy like to play?

 전체적으로 성인이 어린이보다 실수가 작고 빨리 반응하였고 또한 통사적 위반에 해당하는 (2c)와 (2d)보다 의미적 위반에 해당하는 (2b)에 대해서 더 빠른 반응을 보였다. 그러나 ERP가 나타나는 부위는 성인과 어린이는 조건마다 조금씩 달랐다. 공통적으로 (2b)에 대해서 N400이 발생하고 (2c, d)에 대해서는 P600이 발생하였다. 그러나 성인은 (2b)에 대하여 CPz/Pz에서 (2a)보다 N400의 진폭이 크게 나오지만 어린이는 Fz/FCz에서 진폭이 컸다. (2b)에 대하여 성인은 두정엽과 후두엽쪽에서 어린이는 전두엽쪽에서 더 큰 반응을 보였다는 것이다. 또한, 통사적 위반에 대해서는 (2c)의 경우 성인은 CPz에, 어린이는

Pz/CPz에서 진폭이 컸고 (2d)의 경우 성인은 Pz에, 어린이는 Pz/CPz에서 진폭이 컸다. 전극모자에 나타나는 위치가 그대로 뇌의 부위를 나타내 준다고 보기는 어렵다 하더라도 성인은 의미적 위반과 통사적 위반이 거의 같은 곳에서 처리되지만 어린이는 조금 다른 곳에서 처리됨을 보여준다. 독일어 모국어 화자에 대한 연구에서도 통사적 위반에 대하여 P600은 어린이가 성인과 비교하면 늦게 나타나고 진폭이 더 크다고 한다(Friederici & Hahne, 2001). 이러한 일련의 연구들을 종합해 보면, 언어 습득의 나이가 같다고 할 수 있는 모국어에서도 성인과 어린이는 ERP 상에서 약간의 차이를 보인다는 것을 알 수 있다.

다음은 제2언어 사용자를 대상으로 한 연구들을 보기로 하자. L2는 AoA 효과에 대하여 상반된 입장이 있다. 대체로 2000년대 초반까지의 연구들은 AoA 효과가 있다는 것을 지지하는 연구가 압도적으로 많았다. 그러나 90년대 말부터 AoA와 숙달도를 함께 비교하는 연구들이 나오면서 숙달도가 더 큰 영향을 준다는 주장들이 나타나고 있다.

습득의 나이가 더 큰 요인이라고 주장하는 연구자들의 요지는 L2를 사춘기 이후에 배우기 시작한 사람은 최종 단계에 가도 모국어 화자와 비슷해질 수 없다는 것이지만 그 세부사항에는 차이가 있다. 가장 강력하게 AoA 효과를 주장하는 가설은 Shallow Structure Hypothesis (Clahsen & Felser, 2006a,b)라고 할 수 있다. 이 가설에서 L2에 대한 핵심은 다음과 같이 정리할 수 있다.

3) a. late L2 learner의 형태적 처리는 원어민 수준에 도달할 수 있다.
   b. late L2 learner의 통사적 처리는 원어민 수준에 도달할 수 없다. 특히 복잡한 문장구조의 처리는 더욱 그렇다.

사춘기 이후에 제2언어를 배우기 시작한 사람은 단어 습득에서는 노력 여하에 따라 원어민 수준에 도달할 수 있으나 문법에서 특히 복잡한 구조를 가진 문장을 실시간으로 처리하는 데에는 원어민 수준에 결코 도달할 수 없다는 것이다.

이와 맥을 같이하는 연구로서 중국어 화자들을 대상으로 한 연구가 있다. Weber-Fox and Neville(1996)은 L1을 중국어로 하는 61명의 성인을 대상으로 처음 영어를 배운 시기를 1~3세, 4~6세, 7~10세, 11~13세 그리고 16세 이후, 이처럼 다섯 개의 그룹으로 나누어 행동반응실험과 ERP 실험을 하였다. 그 결과 의미적 위반에 대한 반응은 별로 차이가 없으나 통사적 위반에 대해서는 시기별로 차이를 보였다. 1~3세에 영어를 배우기 시작한 피험자는 ELAN/LAN/P600이 모두 나타나지만 4세 이후에 시작한 피험자는 LAN/P600만 보이고 16세 이후에 영어를 시작한 피험자는 P600도 보이지 않는다는 것이다. 또한 단어에 있어서도 내용어가 나타내는 N350에서는 그룹 간에 차이가 없었지만 문법적인 기능어에는 모든 그룹에서 N280이 나타나긴 하지만 AoA 7세 이후에서는 최고점까지의 잠재기(peak latency)가 길었다는 것이다(Weber-Fox & Neville, 2001).

그러면 제1언어와 제2언어가 뇌의 활성화 영역에서는 어떤 차이가 있는지 보기로 하자. Kim et al.(1997)의 *Nature*에 실린 논문에 따르면 L1, L2의 조합이 각각 다르지만 일찍 혹은 늦게 L2를 시작한 그룹으로 나누어 실험하였다. 그 결과, 늦게 L2를 배우기 시작한 사람은 브로카 영역 내에서 모국어 화자와 다른 부분이 활성화되지만 일찍 배운 사람은 모국어 화자와 공통적인 부분이 활성화되었다고 한다. 그러나 베르니케 영역으로 알려진 부분에서는 그런 차이가 발견되지 않았다. 그 이후에도 비슷한 결과를 보여주는 연구가 뒤따랐다.

그중에서 Sakai et al.(2009)은 일본어를 모국어로 하는 12세에서 17세 사이의 30명의 학생을 영어 습득의 나이에 따라 두 그룹으로 나눈 후에 fMRI 실험을 시행하였다. 모두 일본에서 영어 교육을 받았으나 5세에서 6세 사이에 영어교육을 받기 시작한 그룹(12명)과 12세에서 13세 사이에 영어교육을 받기 시작한 그룹(18명)으로 나누어 다음과 같이 빈도수가 높은 동사를 사용한 자료를 제시하였다.

4) a. Can you put your bag on the table?
   Normal : No, I can't put it there.
   Anomalous : No, I can't put there.

   b. This rose grows in the garden.
   Normal : It is a nice flower.
   Anomalous : It is a nice grower.

그 결과 전체적으로 늦게 영어를 배우기 시작한 그룹이 일찍 시작한 그룹보다 F3t(BA 45에 해당됨)의 후면이 훨씬 활성화된다는 것이 밝혀졌다. 또한, 늦게 영어를 배우기 시작한 그룹에서는 문장구조에 대한 정확성이 높을수록 F3t의 후면과 F3T의 전면이 더 많이 활성화되지만 일찍 영어를 배운 그룹에서는 정확성이 높을수록 오히려 적게 활성화되었다. 이것은 늦게 영어를 시작한 그룹이 브로카 영역에 해당하는 부분을 더 많이 활성화시킨다는 의미가 된다. 또한 늦게 배우기 시작한 사람은 아무리 높은 숙달도에 도달한다 하더라도 일찍 배운 사람과 비교하면, 문법적 판단을 할 때 양쪽 뇌의 IFG가 더 많이 활성화된다고 한다(Wartenburger et al., 2003).

이러한 차이는 다음과 같이 통사적 중의성이 있는 문장을 자료로 한 연구에서도 비슷하게 나타난다.

5) a. The broker hoped to sell the stock.
   b. *The broker persuaded to sell the stock.
   c. *The broker hoped to sell the stock was sent to jail.
   d. The broker persuaded to sell the stock was sent to jail.

Kotz et al.(2008)은 L2인 영어를 5세부터 배운 숙달도가 매우 높은 12명의 대학생과 영어 모국어 화자인 12명의 대학생을 대상으로 위와 같이 구조적인 중의성과 동사의 구구조규칙(phrase structure rule)에 따라 문법적 판단을 할 수 있는 자료를 가지고 ERP 실험을 시행하였다. (5a)는 구조적 중의성이 없고 구구조규칙에도 맞는 문법적인 문장이다. 그러나 (5b)는 타동사인 persuade가 능동태로 사용되려면 목적어가 있어야 하고 그렇지 않으면 수동태로 사용되어야 하므로 구구조규칙을 위반하고 있다. (5c, d)는 둘 다 구조적 중의성을 가지고 있으나 문법성은 다르다. (5c)는 구구조규칙에 맞지 않으므로 비문법적인 문장이고 (5d)는 문법적인 문장이다. 실험 결과를 보면 문법성과 구조적인 복잡성이 다른 이러한 조건들에 대하여 L1 그룹이나 L2 그룹이나 모두 P600이 나타나지만 그 분포와 진폭의 크기 그리고 최고점에 달하는 잠재기에서 차이를 보였다. 즉 일찍부터 영어를 배우고 숙달도가 매우 높은 사람도 모국어 화자와는 약간의 차이가 있음을 말해준다.

일련의 제2언어에 대한 연구들이 보여주는 바를 종합해 보면 두 가지를 생각해 볼 수 있다. 첫째는 제2언어를 배우기 시작한 나이에 따른 차이는 주로 통사적 처리를 할 때에 더 뚜렷하게 나타난다는 것이다. 즉 AoA는 문법적 판단에 대하여 가장 큰 영향을 준다고 할 수 있다. 그러므로 앞으로 AoA 효과가 문법의 어떤 구조에서 집중적으로 나타나는지에 대한 연구와 실험이 필요하다. 둘째는 아무리 어릴 때부터 L2를 배우기 시작한 사람도 모국어 화자와는 ERP 컴포넌트의 유형과 뇌의 활성화 부위에서 약간의 차이가 있다는 것이다. 그러나 그 습득의 나이가 몇 세에서 차이가 나는지를 결정하는 것은 아직 이른 것 같다. 연구자들에 따라 3세, 5세, 7세라는 가능성을 제시하고 있지만 고려할 변수가 많으므로 앞으로 연구가 더 필요한 부분이다.

2. 숙달도의 중요성

신경언어학에서 숙달도를 하나의 변수로 사용할 때 그 측정 방법에 대해서 문제가 제기될 수 있다. 보통 표준화된 시험 성적이나 자가 진단에 의한 판단으로 구분하지만 그 숙달도가 의사소통 능력에 대한 숙달도인지 학문적 언어 능력에 대한 숙달도인지 구별하기 어렵고 높음/보통/낮음의 경계를 정하는 데에도 어려움이 있는 것이 사실이다. 이런 문제를 고려한다 하더라도 숙달도가 하나의 변수로서 작용한다는 것은 인정하지 않을 수가 없다. 숙달도에 대한 신경언어학 연구들을 보기로 하자.

앞에서 모국어 화자들에게도 나이 효과(age effect)가 있다는 연구를 소개했듯이, 마찬가지로 모국어 화자의 숙달도의 차이를 연구한 ERP 실험이 있다. Malaia et al.(2009)은 18세에서 28세 사이의 영어 모국어 화자 20명을 대상으로 보통의 숙달도를 가진 그룹과 매우 높은 숙달도를 가진 그룹으로 나누었다. 영어의 종결동사(telic verbs)와 비종결동사(atelic verbs)를 각각 다음과 같이 축소된 관계절에 넣어 자료를 제시한 후 실험하였다.[5]

---

[5] 종결/비종결 동사의 구별을 쉽게 하는 방법은 종결동사는 'in an hour'와 같은 부사류와 함께 올 수 있는 동사들로서 awaken, arrive 등이 있으며 비 종결동사는 'for an hour'와 같은 부사류와 함께 올 수 있는 동사들로서 worship, delay 등이 있다.

6) a. The actress <u>awakened</u> by the writer left in a hurry.
   b. The actress <u>worshipped</u> by the writer left in a hurry.

축소된 관계절을 가진 문장 (6a,b)는 일시적으로 garden-path 문장처럼 구조적인 중의성을 일으킬 수 있다. 일반적으로 종결동사인 awaken이 사용된 (6a)가 비종결동사인 worship을 사용한 (6b)보다 조금 쉽게 통사적 재분석을 한다고 알려졌다. 이 ERP 실험의 결과, 보통수준의 숙달도를 가진 그룹은 문장에서 두 번째로 나타나는 명사인 writer에서 더 큰 N100-200을 보였다. 반면에 숙달도가 매우 높은 그룹은 전치사 by에서 부반응이 증가하면서 N200을 나타내고 또다시 320~500ms 사이에서 뇌의 앞쪽에서 부반응을 보였다. 동사의 종결성을 이해할 수 있는 세상 지식과 통사적인 차이가 뇌에서 문장을 처리할 때 반영된다는 것을 의미한다. 이것은 모국어 화자 간에도 숙달도의 차이가 있다는 것을 나타내는 증거로 보인다.

이와 같은 영어 동사의 종결성/비종결성에 대하여 제2언어학습자를 대상으로 행동실험을 한 연구도 있다. 그 결과 L1이 일본어이고 L2가 영어인 피험자들은 영어동사의 종결성에 대한 명시적인 가르침이 없어도 영어 동사의 종결성이라는 의미적 특징을 습득해 나간다는 결론을 내렸다(Kaku & Kazanina, 2007).

그러면 제2언어의 숙달도에 대한 연구들을 보기로 하자. 1990년대 후반에 들어와 제2언어 습득에서 숙달도가 AoA보다 더 큰 변수로 작용한다는 연구결과가 나오기 시작하였다. Perani et al.(1998)은 L1이 이탈리아어이고 10살이 지나서 영어를 배우기 시작했지만 숙달도가 매우 높은 그룹과 L1이 스페인어이고 Catalan을[6] 4세 이전부터 배우기 시작했고 숙달도가 매우 높은 그룹에게 각각 L2로 쓴 짧은 이야기들을 들려주면서 PET 검사를 시행하였다. 그 결과 숙달도가 낮은 그룹에서 나타나리라 예상한 AoA 효과가 이 두 그룹에서는 전혀 나타나지 않았다. 연구자들은 적어도 구조나 어휘가 비슷한 언어 간에는 숙달도가 AoA보다 더 중요한 변수라고 결론지었다.

2000년대에 들어오면서 L2 숙달도가 미치는 영향에 대하여 많은 연구와 결과들이 나오고 있다. 최근에 나온 리뷰 논문인 Steinhauer et al.(2009)은 Shallow Structure Hypothesis에 대하여 다음과 같이 기존 연구에 근거한 반론을 제기하며 언어 숙달도가 AoA 보다 L2에 더 큰 영향을 미치는 요소라고 주장한다.

7) a. late L2는 원어민 수준까지 도달할 수 있으며 bi-phasic N400 & P600은 L1과 같은 ERP pattern임을 보여준다(Flege et al., 1999).
   b. LAN 효과는 숙달도가 높은 late L2에게서도 나타난다(Rossi et al., 2006, Ojima et al., 2005).
   c. L2의 숙달도 수준과 특정한 통사적 구조에 따라 다른 ERP 결과가 나온다(Mueller et al., 2005).

---

[6] Catalan은 로만스어(Romance language)로서 피레네 산맥에 있는 작은 국가인 Andorra의 국어이며 Catalonia지방에서 많이 사용한다. 스페인, 프랑스, 이탈리아의 일부 지방에서도 사용되고 있다.

d. L2 문법의 습득에서 AoA의 중요성에 대한 증거는 없다(White, 2003).

e. 인공 언어(artificial language)의 습득에 대한 연구 결과가 자연 언어 습득의 연구 결과와 같다(Friederici et al., 2002, Steinhauer et al., 2006, Bowden et al., 2007).

f. 개인에 대한 장기적 연구가 없이는 AoA 효과를 확신할 수 없다.

g. L1에서 숙달도가 높은 사람은 더 강한 LAN/P600을 보인다.

숙달도가 L2에 미치는 영향이 더 크다는 것은 인공언어를 자료로 한 실험들에서도 나타나기 시작하였다. Friederici et al.(2002)은 자연 언어의 필수적인 요소를 갖추었으나 훨씬 단순한 BROCANTO라 불리는 인공문법을 디자인하였다. 이것을 훈련받은 28명의 그룹과 이 문법을 훈련받지 않고 단어훈련만 받은 통제그룹 31명에게 ERP 실험을 한 결과 훈련받은 그룹은 LAN과 P600에 해당하는 파장을 보여주었으나 통제 그룹은 전혀 그러한 파장을 보이지 않았다. 연구자들은 Critical Period Hypothesis에 의문을 제기하고 오히려 숙달도의 수준과 문법의 크기를 고려해야 한다고 제안하였다.

한편, Mueller et al.(2005)은 실제 일본어 문법과 같은 내용의 미니일본어 (Mini-Nihongo)를 가지고 실험하였다. 미니일본어는 일본어 문법 가운데 격조사, 새 두 '마리'와 같이 명사에 붙는 분류사(classifier), 그리고 간단한 단어의 품사로 구성되었다. L1이 독일어인 젊은이 24명에게 약 10시간의 학습을 시킨 후에 19명의 일본어 화자인 젊은이를 통제

그룹으로 하여 비교하였다. 자연스러운 속도와 억양으로 녹음한 일본인 여성의 목소리로 자료를 제시한 후 ERP 실험을 한 결과 훈련받은 L2는 통제그룹과 거의 같은 ERP 파형을 보였다.

이처럼 비록 늦게 L2를 시작하더라도 숙달도가 높아지면 L1과 같은 부위로 수렴되면서 결국 L1과 같은 부위가 활성화된다는 가설을 수렴가설(convergence hypothesis) 혹은 Single Network Hypothesis라고 부른다(Green 2003, Abutalebi & Green 2007). 늦게 시작한 L2 학습자도 숙달도가 낮을 때에는 L1과 다른 부위가 활성화되지만 숙달도가 높아질수록 L1과 비슷한 부위가 활성화되고 결국에는 같은 부위로 모인다는 주장이다. 이와 맥을 같이하는 연구들도 상당히 많이 있다. 연습을 통해 L2의 자동화가 일어나면 L1처럼 뇌의 중심부인 기저핵과 소뇌로 갈 수 있다는 것이다. 이러한 생각에 동조하는 연구자들은 기억 체계의 구조에 따라 L1과 L2가 두뇌에서 다른 곳을 사용한다는 주장에 반론을 제기한다.

Reiterer(2002)는 영어 모국어 화자와 영어를 L2로 하는 화자를 각각 19명씩 대상으로 하여 TV, 라디오, 소리 나지 않는 비디오를 사용하여 실험하였다. 그 결과 영어 그룹은 전두엽의 대뇌 피질의 작용이 비영어 그룹보다 훨씬 적다는 것을 보여주었다. 그렇다면 영어그룹은 대뇌피질 아래에서의 활동이 많으리라고 예상할 수 있다고 하였다. 또한 Sakai교수와 그 동료들은 일련의 연구를 통해 L2 습득의 초기에는 브로카영역 내의 후면 F3T가 활성화되고 숙달도가 높아짐에 따라 더욱 활성화되지만 매우 능숙해지면 그 활성화가 조금 낮아진다는 것을 fMRI 실험으로 보여주었다. 그뿐만 아니라 일본 사춘기 나이의 쌍둥이에게 영어의 규칙・불규칙 동사를 가르치면서 실험한 결과 영어 문법은 영어 원어민과 같은 부위인 왼쪽 전두엽에서 처리된다고 주장하였다.

앞에서 본 바와 같이 L2 학습자의 AoA 효과는 통사적 처리에서 더 큰 영향을 끼친다고 하였다. 마찬가지로 숙달도가 어느 분야에서 더 큰 영향을 주는지에 대한 일반적인 견해가 있다. 의미적 처리에서는 숙달도의 수준이 AoA보다 더 큰 역할을 한다고 한다(Kotz, et al., 2004). 또한, 단어의 의미와 형태적 처리에서도 숙달도가 높은 L2는 L1과 같은 처리 메커니즘을 가진다고 한다(Hahne et al., 2006).

L2 학습자의 숙달도에 대한 일련의 연구를 종합해 보면 다음과 같이 정리해 볼 수 있다. 첫째, L1과 L2가 같은 어족에 있거나 구조가 비슷한 경우에는 숙달도가 AoA보다 더 큰 영향을 준다. 둘째, 단어의 의미나 형태변화에서는 숙달도가 더 영향을 준다. 또한, 의미적 판단에서도 그렇다. 셋째, L2 학습자의 숙달도가 높아질수록 뇌에서 자동화가 일어난다는 주장이 있는데 과연 이것이 뇌의 기저핵 부분으로 옮겨지는가, 혹은 뇌의 기억 체계에서 암묵기억의 창고로 옮겨지는가 하는 문제는 앞으로 많은 연구가 있어야 하겠다. 또한 암묵기억과 기저핵의 관계가 얼마나 일치하는지도 더 연구되어야 한다. 숙달도와 AoA에 대한 양립된 의견들은 앞으로도 계속될 것으로 보이지만 더욱 다양한 L1-L2의 관계에 대한 연구, 한 개인이나 그룹의 장기간 연구(longitudinal study)가 필요하다. 한편, 늦게 배운 L2는 L2의 숙달도와

AoA라는 변수 이외에도 문장 구조의 복잡성이 또 하나의 변수가 된다는 주장도 있으므로 앞으로는 더 많은 변수를 고려한 실험 연구 결과가 나오리라 기대한다.

그러나 지금까지 제2언어 학습자에 대한 연구는 대부분 성인에 대한 연구이고 어린이 학습자에 대한 연구는 매우 적다. 앞으로 제2언어 학습의 생물학적 근거를 밝히기 위해서는 제2언어 학습을 늦게 시작한 어린 학생들을 대상으로 한 연구가 필요하다(Van Hell & Tokowicz, 2010).

3. 영어교육을 위한 시사점

우리는 영어를 시작하는 나이가 더 중요한 것인지, 아니면 노력을 통해서 얻은 숙달도가 더 중요한 것인지에 대하여 늘 답을 얻고 싶은 심정이었다. 이와 관련된 신경언어학적 연구들을 통해서 우리나라 영어 교육에 필요한 정보를 과연 얻을 수 있을까에 대하여 생각해 보고자 한다.

먼저 우리말과 영어가 서로 매우 다른 언어라는 사실을 인정하면, 통사적 구조에서는 영어를 시작한 나이의 효과가 있고 단어와 의미적 판단에서는 영어의 숙달도가 더 큰 영향을 준다고 말할 수 있다. 이러한 연구 결과가 우리에게 시사하는 바는 시기별로 가르치는 내용에 대한 숙고가 필요하다는 점이다.

우리나라의 현실은 유치원 정도에 다다르면 많은 부모가 아이를 영어 학원에 보내기 시작한다. 그런데 이 시기에 무엇을 가르치는가가 중요하다고 생각한다. 이 시기에는 일상생활과 밀접하게 관련된 쉬운 단어들을 사용하되 다양한 문장구조를 시도해 보는 것이 바람직하다. 통사적 처리에서 AoA가 더 중요한 변수라는 연구결과들이 옳다면 그에 따라 아이들이 어린 나이에 다양한 구조에 노출되어야 하므로 주어-동사나 주어-동사-목적어와 같이 매우 단순한 구조들만으로 구성된 텍스트만으로는 부족하다는 결론에 이르게 된다. 간단한 구조에서 시작하여 차례로 영어문장의 가장 복잡한 구조에 이르기까지 모든 종류의 구문에 노출할 수 있는 텍스트를 만드는 일이 필요하다.

이러한 학습이 과연 암묵기억이 될 수 있는가는 또 다른 문제이겠지만 긍정적으로 생각해 볼 수 있다. 암묵적 학습 방법으로 가장 중요한 것은 문장형태를 보여주면서 아이들이 규칙을 스스로 깨닫도록 유도하거나 아이들에게 규칙을 설명하려는 그 어떤 시도도 하지 않는다는 것이다. 이런 점을 고려한다면 영어교육자는 아이들이 정신적 부담을 갖지 않고 여러 가지 구조의 문장에 친숙해질 수 있도록 하는 수단을 취하는 것이 필요하다. 아이들에게 어떤 흥미를 줄 수 있는 동기를 부여하면서 외우게 하는 것이 문법을 설명하는 것보다는 훨씬 낫다는 주장도 고려해볼 만하다.

§ 요약

이 장에서는 제2언어의 습득시기와 숙달도에 대하여 어느 것이 더 중요한 변수인지 서로 다른 주장들을 소개하였다. 제1언어에서도 성인과 어린이는 다른 뇌파도를 보이고 숙달도에 따라서도 다른 반응이 나타난다. 제2언어 연구에서는 Shallow Structure Hypothesis가 유효한지 아니면 Single Network Hypothesis가 유효한지는 논란이 많이 있고 계속될 것이다. 다만 습득 시기의 중요성은 통사적 구조에 더 명확하게 나타나고 숙달도는 단어와 의미적 판단에 더 큰 영향을 준다는 것은 우리나라 영어 교육에서 진지하게 생각해 볼 수 있는 점이므로 거기에 따른 제안을 하였다.

□ 핵심 단어 □

습득의 나이(Age of Acquisition, AoA)
숙달도(proficiency)
Shallow Structure Hypothesis
Single Network Hypothesis

제12장 보편문법과 제2언어 습득

보편문법(universal grammar)에 대한 개념은 매우 오랜 역사를 가지고 있다. 13세기 영국의 철학자이자 신학자인 Roger Bacon(1214~1294)은 모든 언어는 하나의 공통된 문법(a common grammar) 위에 만들어진 것이라고 하였다. 그 이후 그의 생각을 이어받은 철학자들이 공통문법이 무엇인가를 추구하면서 이것으로 만들어진 이상적이고 논리적인 철학적 언어를 만들고자 하였다. 그 후 18세기에 Adam Smith와 같은 학자들이 속해있던 스코틀랜드 학파에서는 보편문법에 대한 개념을 옹호하였다. 그리하여 1771년 브리태니커 백과사전의 초판에는 "Grammar"라는 표제어 아래에 "Of Universal Grammar"라는 항목이 있었다고 한다.

　이것은 현대 언어학에서 사용하는 보편문법의 내용과는 차이가 있겠지만 그 기본적인 개념은 같다고 볼 수 있다. 또한, 현대 언어학에서 사용하는 보편문법은 "어떤 언어가 X이면 반드시 Y가 있다."와 같은 언어의 보편적 요소(language universals)와도 구별된다. 한 예를 들면,

영어처럼 문장의 핵인 동사가 목적어보다 앞에 나오는 주어-동사-목적어의 어순을 가진 언어는 전치사가 있고, 우리말처럼 핵이 뒤에 있는 주어-목적어-동사의 어순을 가진 언어는 후치사가 있다는 것은 언어의 보편적 요소에 해당한다.

습득(acquisition)은 모국어 습득의 의미로 사용되고 제2언어나 외국어에는 학습(learning)이라는 용어가 사용되었으나, 1970년대 말부터 Krashen교수(University of Southern California)가 외국어 학습에도 습득의 개념을 도입하였다. 그 당시에는 의식적인 문법규칙 학습에 의한 정확성보다 유창성과 의사소통 위주의 자연적 상황에서의 학습을 의미하는 것으로 제안되었다. 따라서 제2언어 습득(Second Language Acquisition)은 제2언어 학습(Second Language learning)과 같은 의미로 사용된다. 우리가 제2언어에 제한적으로 노출되지만 연습을 통하여 결국 그 언어를 능숙하게 사용할 수 있게 된다는 의미에서도 습득이라는 용어는 사용 가능하다는 견해도 있다.

이 장에서는 보편문법이 제2언어 습득 이론에서 그 존재와 영향의 정도에 따라 의미하는 바가 무엇인지에 대해 생각해 보고 과연 신경언어학 연구에서 보편문법의 위치는 무엇인지에 대해 추정해 보고자 한다. 또한, 그것이 우리의 영어교육에 시사하는 바가 무엇인지 생각해 본다.

1. 보편문법(Universal Grammar)이란 무엇인가?

Noam Chomsky(1928~ , MIT 명예교수)는 1955년 자신의 박사학위 논문을 시작으로 1960년대 초반부터 '언어학의 혁명'이라 일컬어지는 변형생성문법(Transformational Generative Grammar)을 창시하였다. 그는 Chomsky(1957)에서부터 최근 Chomsky(2008)에 이르기까지 약 50여 년간 언어학의 중심에 서 있다. 생성문법의 철학적 배경은 Chomsky(1966)에 잘 나타나 있다.

변형생성문법의 정신적 기원은 데카르트(Descartes) 언어학이다. 근대 철학의 아버지라 부르는 프랑스의 철학자 René Descartes(1596~1650)는 인간이 언어를 창조적으로 사용할 수 있다는 사실을 기계적으로는 설명할 수 없다고 하였다. 그는 언어에 대해 다음과 같은 몇 가지 가정을 하고 있다.

1) a. 언어는 우리의 정신(mind)을 반영하므로 언어구조는 사고구조를 반영한다.
   b. 언어는 근본적으로 논리적이다.
   c. 모든 언어는 논리적 공통성을 가지고 있으므로 언어 보편적인 문법은 이성적(rational)이다.

위와 같은 가정 위에서 데카르트는 모든 언어에 인간으로 하여금 언어습득을 가능하게 해주는 이성적이고 일반적인 규칙이 있다고 생각하였다. Chomsky는 이와 같은 데카르트의 생각을 받아들여 보편문법에 대한 개념을 확인하였다. 또한, 데카르트 철학의 중요한 구분인 '정신'과 '육체'라는 개념을 심층구조(deep structure)와 표층구조(surface structure)로 연관시켰다. 심층구조는 인간의 사고형태를 반영한 것으로 보고 표층구조는 그것이 표출된 형태로 본 것이다.

한편, 독일의 철학자이자 언어학자인 훔볼트(Wilhelm von Humboldt, 1767~1835)는 언어를 규칙 지배적인 체계(rule-governed system)라고 말하고 생성적인 것으로 보았다. 그는 언어란 유한한 수의 규칙으로 무한히 많은 문장을 생성(infinite use of finite means)할 수 있으며 언어의 특질은 창조(creation)라고 생각하였다.

이와 같은 토대 위에 세워진 Chomsky의 생성문법의 기본적인 가정은 두 가지로 요약할 수 있다.

2) a. 모든 인간은 날 때부터 언어 기능(language faculty)을[7] 지니고 태어난다.
   b. 모든 언어는 한정된 수의 규칙으로 이루어져 있다.

위의 두 가지 가정이 합쳐지면, 인간은 타고날 때부터 두뇌 속에 언어에 대한 지식, 즉 문법 규칙을 가지고 태어난다는 것이다. 바로 이것을 보편문법(Universal Grammar, UG)이라고 부른다. 또한, 이 보편문법은 유한한 규칙으로 무한히 많은 문장을 만들어낼 수 있는 내용이 있다고 보아야 한다.

---

[7] language faculty는 '언어 기관'으로도 번역된다.

보편문법은 선천적으로 타고나는 것이므로 모든 인간에게 공통적이고 또한 모든 언어에 공통적인 특성이 된다. 어린아이들이 부모나 주위에서 듣는 언어의 자극이 그렇게 부족하고 불완전하고 다양한데도 일정한 나이가 되면 놀랄 만큼 균일하게 모국어를 구사할 수 있다는 것을 설명하려면 이 가정이 필수적이다. 즉 "인간은 어떻게 아주 적은 경험만으로도 그렇게 다양한 지식을 가지게 되는가?" 하는 플라톤의 문제(Plato's problem)를 그는 규명하고자 하였다.[8]

Chomsky 이론은 50여 년간 이 보편문법을 규명하는 데 그 목적이 있었다. 초기 이론은 심층구조에서 변형 규칙(transformational rules)을 거쳐 표층구조로 되는 것이 문법체계라고 제안하였다. 따라서 보편문법은 그 변형규칙들의 기본을 이루는 원리들의 합이 될 것이다. 이 시기의 이론을 표준이론(Standard Theory) 혹은 확대표준이론(Extended Standard Theory)이라 부른다.

표준이론은 하나의 구문마다 하나의 변형규칙을 가지고 있게 되므로 그 변형규칙들이 너무 총체적(global)이고 복잡하게 되었다. 따라서 Chomsky(1981, 1986)는 그러한 변형규칙 대신에 어떤 요소나 어디로든 이동할 수 있다는 알파-이동(Move-α)이라는 규칙만 남기고 보편문법의 하위 모듈에 해당하는 일곱 가지 이론을 제안한다.[9] 모듈로서 이

---

[8] 플라톤의 문제는 모국어 습득과 관련된다. 또한 인간은 이것과 완전히 반대되는 문제도 가지고 있다. "인간은 어떻게 그렇게 많은 증거를 보고서도 그렇게 조금밖에 모르는가?"라는 것으로 소설 '1984년'을 쓴 George Orwell의 이름을 따라 Orwell's problem이라 부른다. 이것은 정치, 사회적 문제, 혹은 외국어 학습에 나타나는 문제와 관련된다.

이론들이 상호 작용함으로써 보편문법을 형성한다고 보았다. 서로 긴밀하게 상호작용하여 보편문법을 이루고 있는 이러한 원리에 매개변인(parameters)이 정해지면 한국어, 영어, 아랍어 등과 같은 개별문법(particular grammar)이 나온다는 것이다. 이런 의미에서 Chomsky는 그 자신의 이론을 원리-매개변인 이론(Principles-Parameters Theory)이라 부르게 된다. 우리는 1980년대의 이론을 보통 지배-결속 이론(Government-Binding Theory)이라고 부른다.

1990년대로 들어오면서 언어능력이 마음 혹은 두뇌의 인지체계와 들어맞기 위해 어떤 조건을 가져야 하는가를 염두에 두고 Chomsky (1995, 2000, 2001, 2005, 2008)는 "인간언어(human language)란 무엇인가?" 라는 질문을 계속하고 있다. 언어를 진화론적으로 본다면 다윈의 문제(Darwin's problem)를 가지고 있다고 하면서 거기에 답하고자 하였다. 만일 언어가 복잡한 것이고 자연선택(natural selection)에 의한 결과로 나온 산물이라면 몇백만 년 이상 걸려야 한다는 것이다. 그러나

---

[9] 일곱 가지 이론의 이름은 하위인접조건(Subjacency Condition)으로 알려진 한계 이론(Bounding Theory), 핵(head)과 보충어(complement)의 관계를 다루는 지배이론(Government Theory), 문장속의 어떤 요소에 '행위자' '수동자' 등의 의미적 역할, 즉 의미역(theta-role)을 부과하는 의미역이론(Theta-Theory), 대용어(anaphor)나 대명사류와 선행사와의 관계를 다루는 결속이론(Binding Theory), 문장 속의 어떤 요소에 추상적인 격(Case)을 부여하고 그것이 형태론적으로 실현되는 과정을 다루는 격이론(Case Theory), 명사구의 일종인 PRO의 분포와 그 지시대상을 다루는 통제이론(Control Theory), 그리고 문장의 계층적 구조를 다루는 핵계층이론(X-bar Theory)이다.

인간언어가 나타난 것이 약 5만 년 전에서 10만 년 전이라고 보는 것이 일반화된 견해인데, 그 짧은 시기에 인간에게 언어가 생겼다면 그 언어가 매우 단순해야만 진화론 상으로 가능한 일이라는 것이다.

그뿐만 아니라 Chomsky교수는 만일 인간언어를 창조주가 만드셨다면 그 설계 지침(design specifications)이 무엇일까에 대한 답을 찾고자 한다. 인간언어는 창조주의 언어 설계지침에 맞추어 최소한의 장치(minimal devices)가 설정되고 운용될 것이라는 가설을 세우고 그 최소한의 문법적 장치를 찾고자 하는 매우 이상적인 문법이론을 추구하였다. 현재까지 이 생각은 변함이 없으며 1990년대 이후의 생성문법을 최소주의 프로그램(Minimalist Program) 혹은 최소주의 이론이라 부른다.10 이와 같은 최소주의 이론은 보편문법의 원리를 최대한으로 최소화시키려고 노력하고 있다. 그런 가운데 Chomsky교수는 어떤 요소가 붙으려고 하는 병합(Merge)과 문장 요소 간의 일치(Agree)라는 두 가지 원리만 필요하다는 견해로 가고 있다. 이동도 병합의 한 종류로 다룬다.11

---

[10] 자세한 이론의 변화는 이 책의 범위를 넘어가므로 다루지 않는다. 다만 언어의 형태와 의미를 연결시키는 접합점조건(Interface Condition)으로서 Chomsky(1995)에서는 점검이론(Checking theory)을 제안하고 Chomsky (2000)에서는 일치이론(Agree Theory)으로 대체한다. 또한 국면(Phase)이라는 개념과 가장자리 자질(Edge Feature)개념을 도입하여 문법적 운용의 순환성을 설명한다.

[11] 병합은 외부병합(External Merge)과 내부병합(Internal Merge)으로 나눈다. 외부병합은 단어가 연결되어 구 구조(Phrase Structure)를 이루고 내부병합은 어떤 요소가 움직이는 이동(Movement)을 낳는다.

Marantz(2005)는 단어 재인에 대한 MEG 실험을 하는 생성문법 학자로서 최소주의 이론이 언어의 인지 신경과학(cognitive neuroscience of language)의 기반이 될 뿐만 아니라 중심에 설 수 있다고 주장한다. 실험의 전형적인 방법론인 '복잡성의 도출적 이론(derivational theory of complexity)'은 생성이론뿐만 아니라 잘 개발된 어떤 언어학 이론과도 부합될 수 있다고 보았다. 언어학 이론은 잘 만들어진 이론적 가설들을 통하여 두뇌가 상징적인 표상을 어떻게 저장하고 생성하는가를 밝히는 데 도움을 줄 수 있고, 대신에 인지 신경과학으로부터 이론을 구체화하고 풍부한 실제적인 자료를 얻는 데에 도움을 받을 수 있다고 하였다.

한편, Maryland 대학의 Norbert Hornstein교수는 생성문법이 다윈의 문제와 함께 다음과 같은 두 번째 문제를 해결할 수 있어야 한다고 말한다.

3) Hornstein (2009:156)
> "The second problem concerns the realization of UG in brains. David Poeppel and friends have forcefully argued that the basic constructs and concepts of the brain sciences fit poorly with those of linguistics. There is, in his words, a "granularity mismatch" between the two, which makes it hard to see how the operations invoked by UG could be realized in what neuroscientists think of as neural circuity."

생성문법의 두 번째 문제는 최소주의가 뇌신경과학과 조화롭게 양립할 수 있는 이론을 도출해 내어야 한다는 것이다. Granularity Mismatch Problem(Poeppel & Embick, 2005)이란, 언어학의 기본적인 개념과 신경생물학이나 인지 신경과학의 기본적인 개념이 서로 개념적인 알갱이가 맞지 않는다는 것이다. 신경과학자들이 볼 때 언어학의 원리들은[12] 곱게 갈아놓은 것처럼 너무 세부적으로 되어 있고 언어학자들이 볼 때 신경과학의 그것은 너무 거칠고 굵어져 있다는 것이다.

Hornstein(2009)은 이러한 두 가지 문제에 대한 가능한 답으로서 UG가 내부적으로 모듈을 조합하는 구조로 되어 있지 않고 세 가지 기본적인 운용(operations)을 가지고 있다고 가정해야 한다고 제안한다. 즉 연결(Concatenate), 복사(Copy), 그리고 명명(Label)인데, 이들의 운용이 상호작용함으로써 병합과 이동의 공통적인 핵심을 포함하는 보편문법이 된다는 것이다. 그 세 가지 운용방법 중에서 연결과 복사는 매우 일반적인 인지적 운용이므로 어차피 인지 능력에 필요한 것이고, 명명만이 언어에 고유하게 필요한 운용이라고 한다. 바로 이 점이 다윈의 문제에 답이 될 수 있다고 주장한다. 이 한 가지 운용이 진화론적으로 인간언어가 그렇게 갑자기 짧은 기간에 나타날 수 있었는지를 설명할 수 있다는 것이다. 그가 말하는 명명을 정의하면 다음과 같다.

---

[12] 여기에서 상정하는 언어학의 원리는 지배-결속이론의 문법 체계에서의 원리들을 의미한다.

4) Concatenate A, B → A ^ B
   Label A ^ B → [_A A ^ B]

여기에서 A는 어휘적 기본단위(lexical primitive)로서 원소적(atomic)이므로 이것은 다시 그다음 연결을 일으키게 된다. 이것은 결과적으로 인간언어의 특성인 회귀성(recursion)이 되어 문장의 계층적인 구조를 만들어낸다. 그가 제안하는 기본적인 운용의 상호작용이 보여주는 결과는 다음과 같다.

5) Move = Copy + Merge
   Merge = Concatenate + Label

Hornstein 교수는 Chomsky 교수가 주장하는 일치라는 원리는 UG에 필요하지 않다고 보고 병합과 이동도 위의 세 가지 운용으로 모두 도출할 수 있다고 주장한다.

이처럼 50여 년간의 생성문법 이론의 변화에 따라 보편문법의 내용도 변화해 왔고 학자에 따라서 의견이 조금씩 다르다. 앞으로 어떻게 결론지어질지 확실히 알 수는 없다. 만일 보편문법의 원리가 Chomsky 교수의 생각대로 병합, 일치 등으로 규명되든지 혹은 Hornstein 교수의 생각대로 연결, 복사, 명명이라는 단순한 운용 등으로 규명되든지 간에 보편문법이 더욱 일반적이고도 간단한 원리가 되리라고 추정해 볼 수 있다. 모든 언어의 기본적인 원리가 되는 보편문법이 뇌에서 일어나는 인간언어의 신경 회로와 양립할 수 있고 인지능력을 설명할 수 있는 날이 올 것이라는 기대를 하고 있다.

2. 제2언어 습득이론에서의 보편문법

Chomsky(1965)는 인간이 태어날 때부터 언어 습득 장치(language acquisition device, LAD)를 두뇌 속에 가지고 있으며 이것이 모국어 습득을 위하여 작동하는 것이라고 보았다. 이 언어 습득 장치는 사춘기를 전후하여 인간의 뇌 속에서 사라진다고 보는 결정적 시기 가설 (Critical Period Hypothesis)과 맞닿아 있다. 이 가설은 미국의 신경생리학자인 Eric Lenneberg(1921~1975)에 의해 1967년 그의 저서 '*Biological Foundations of Language*'에서 대중의 관심을 얻게 되었다. 언어에 대한 생물학적 견해를 밝히는 가운데 인간의 언어습득과정에 결정적 시기가 존재한다는 가설을 주장하였다. 결정적 시기 가설은 언어교육에서도 그대로 받아들여져서 제2언어나 외국어를 배울 때에도 사춘기 이전 혹은 그보다 더 이른 나이에 언어교육을 시작해야 한다는 조기교육론이 힘을 얻게 되었다.

그러면 보편문법은 제2언어를 배울 때에도 작동하는가? 제2언어의 습득 과정에도 모국어를 습득할 때와 같이 보편문법이 작용하는가 하는 문제는 1980년대 초부터 약 10년간 제2언어 습득이론에서 뜨거운 쟁점이 되었다. 여러 가지 다른 입장을 보기 전에 먼저 제2언어 습득

과정에서 관찰되는 현상을 정리해 보면 다음과 같다.

6) a. 모국어 문법의 어떤 요소들이 제2언어의 문법에 영향을 끼치거나 전이 현상(L1 transfer)을 보인다.
   b. 제2언어 습득에는 단계적인 발달 과정이 있으며 모국어가 무엇이냐에 관계없이 어떤 체계성이 있다. 즉 중간 언어(Interlanguage)가 있다.
   c. 제2언어 습득 과정에는 개인적인 차이가 있으며 완성 단계에 가도 원어민과 같은 수준에 이르지는 못하며 화석화된 오류(fossilization)[13]를 가지고 있다.

이와 같은 관찰 자체에 대한 다른 견해도 있을 수 있으나 가장 바람직한 제2언어 습득 이론은 제2언어 습득을 가능하게 하는 내재되어 있는 기제가 무엇이며 또한 위와 같은 현상들이 왜 나타나는지를 설명할 수 있어야 할 것이다.

제2언어 습득 이론 전체를 들여다보면 접근방법에 따라 네 가지로 나눌 수 있다(이다미, 2000). 보편문법의 작용 여부에 따른 접근, 인지적

---

[13] 화석화된 오류(fossilization)란 L2의 숙달도와 관계없이 어떤 요소에 있어서 반복적으로 틀리는 것을 의미한다. 최근에는 오류라는 용어대신에 화석화된 일탈(divergence)이라는 용어를 사용하는 학자들도 있다. Ahn(2009)은 영국에 5~20년 이상 거주한 한국인들을 피험자로 한 연구에서 영어조동사의 과거형에서 정확도가 매우 떨어진다는 것을 밝히고 있는데, 이것도 한국인이 영어에 대해 가지고 있는 화석화된 오류의 한 가지 예로 볼 수 있다.

접근, 사회언어학적 접근 그리고 사회문화적 접근방법이다. 사회언어학적 접근이나 사회문화적인 접근은 언어교육에 보완적인 기능은 할 수 있겠으나 어떤 설명력을 가지기는 어렵다. 인지적 접근은 L2 습득을 다른 일반적인 인지기능이나 기술의 습득과 같게 보는 것인데 언어능력의 내재성이나 보편성을 인정하지 않는다는 면에서 언어의 고유한 특성을 반영하지 못한다. 보편문법이 제2언어를 습득하거나 학습하는 데에 작용하는가를 중심으로 하는 접근 방법이 가장 풍부한 연구를 가져왔다.

보편문법의 작용 여부에 따른 접근에는 그 정도에 따라 다른 입장들이 있다. L2 습득에는 UG의 역할이 전혀 없고 L2 습득은 모국어의 지식과 일반적인 학습 능력을 통해 이루어진다고 보는 학자들이 있는가 하면 반대로 L2 습득도 모국어 습득과 마찬가지로 UG의 원리가 작용하고 목표언어에 맞게 매개변인을 재고정(reset)한다고 보는 학자들이 있다. 그리고 그 중간 입장으로서 L2 습득에 UG가 부분적으로는 작용하지만 매개변인을 재고정하는 것은 불가능하다고 보는 학자들이 있다.

그러면 모국어 습득에서 최초 상태인 UG가 그 이후에는 어떻게 변화하는가? UG가 모국어 문법으로 전환되어 안정 상태가 되는가 아니면 모국어 습득을 시작만 시켜 놓고 다른 형태로 따로 남아 있는가 하는 문제는 확실하지 않다. White(2003)는 L2가 습득되는 과정에서 많든 적든 간에 UG가 관여한다는 가정을 지지하고 L2의 최초상태(initial state)에 대한 다른 견해를 소개한다. 모국어습득의 최초상태는

UG에서부터 시작한다는 가정 위에서 과연 L2 습득을 시작하는 최초 상태는 무엇인가 하는 것에 대한 다른 의견을 보여준다.

먼저 L2의 최초상태가 L1과 똑같은 UG라는 입장을 견지하는 조금은 과격한 두 가지 주장이 있다. The Initial Hypothesis of Syntax는 모든 언어의 심층적인 어순은 주어-동사-목적어(SVO)인데 SOV의 어순을 가진 언어는 목적어가 동사 앞으로 올라간 형태라는 것이다. 또 다른 주장은 Full Access Hypothesis인데 L2습득에서 일어나는 중간언어조차도 모국어가 무엇인가와는 상관없이 모두 UG에 의해 한정 지어진다는 주장이다. 만일 UG가 전적으로 외국어 학습자에게 가용된다면 신경언어학 연구들에서 모국어와 제2언어의 처리과정에서 같은 반응을 보여주어야 할 것이다. 그러나 앞 장들에서 보듯이 ERP 실험에서 모국어와 제2언어는 서로 다른 점들을 자주 보여준다. 따라서 이 주장이 신경언어학적인 입장에서 증명될 수 있을지는 미지수이다.

그러나 최근의 한 연구에 따르면 성인이 되어 영어 학습을 시작한 경우 영어의 정관사 'the'를 지나치게 사용하는 경향이 있는데 이것은 미국 어린이들에게서 나타나는 현상과 동일하다는 것이다. 즉 성인 영어 모국어화자가 'the'를 사용하는 것은 한정성(definiteness)[14]을 표시하는 것인데 반하여 미국 어린이와 제2언어 학습을 하는 성인의 경우는 전제성(presuppositionality)[15]을 표시하기 위해 'the'를 사용한다고

---

[14] 한정성이란 the가 지칭하는 사물이 존재한다는 것을 청자와 화자가 모두 알고 있는 경우를 말한다. 거기에 대하여 특정성(specificity)은 화자만 알고 있는 경우를 말하는데, 'the'의 잘못된 사용은 이러한 경우에 속한다.

보았다. 연구자들은 이것이 제2언어 학습의 의미론적 현상에도 UG가 관여한다는 증거가 된다고 말한다(Ko et al., 2010).

한편, L2 습득의 최초상태가 UG가 아니고 각 학습자의 모국어라는 입장이 있다. 다만 모국어의 영향이 어느 정도이며 어떤 부분에서 전이되는가의 차이에 따라 세 가지 다른 가설이 있다. The Full Transfer Full Access Hypothesis는 모든 부분, 즉 문장구조, 어휘, 기능범주에서도 모국어의 전이를 인정하지만 L2 습득과정에서 UG에 의해 전적으로 영향을 받는다는 것이다. The Partial Transfer Full Access Hypothesis는 모국어 중에서 어휘와 어휘의 매개변인들만이 L2 습득의 최초상태가 되지만 UG의 전적인 역할을 인정하는 주장이다. 마지막으로 The Valueless Features Hypothesis는 모국어로부터 추상적인 기능범주(functional category)의[16] 개념만 전이되고 자세한 값은 전이되지 않는다는 것이다. 그 이후 제2언어 습득과정에서는 UG가 계속 관여한다는 입장이다.

이와 같은 주장들은 정도의 차이는 있으나 제2언어 습득에서 UG의 영향을 인정하되 모국어의 전이도 함께 인정하는 견해이다. 신경언어학 연구에서도 모국어의 전이를 인정하는 것이 일반적 견해이므로 이 가설 중에서 더 유효한 것이 나오기를 기대한다. 그러나 이러한 학자

---

[15] 전제성이란 the가 가리키는 어떤 사물이 존재한다는 것을 의미한다.
[16] 기능범주란 어휘범주 이외의 범주를 말한다. 어떤 기술적 내용(descriptive content)을 가지고 있지 않으며 문장의 종류, 시제, 법 등을 표시해주는 추상적인 성격을 가진 범주이다.

들의 다양한 견해는 Chomsky의 (확대)표준이론이나 지배-결속이론에서의 보편문법을 가정하고 있다. 만일 최근의 최소주의 이론에서 추구하는 보편문법을 가정한다면, 새로운 매개변인들을 연구하는 것이 앞으로 제2언어 습득이론의 과제가 될 것으로 생각한다.

3. 영어교육을 위한 시사점

우리나라 사람들이 영어를 배우기 시작할 때 그 최초상태가 보편문법인지 아니면 모국어 문법인지에 대해서는 확실하게 밝혀지지 않은 상태이다. 그러나 그동안 영어를 가르쳐온 경험으로 미루어 필자는 우리가 영어를 배울 때 보편문법이 어느 정도 기저에서 작용하며 영향을 준다고 본다. 또한 적어도 사춘기 이후에 영어를 시작하는 학생들의 최초상태는 모국어라고 생각한다. 학교 교실에서 명시적으로 영문법을 가르칠 때 교사가 보편문법의 작용과 모국어의 영향을 인식하는 것이 필요하다고 생각하면서 다음과 같이 제안해 본다.

먼저 학생들이 알고 있는 우리말의 구조에 의존하여 영어문장의 구조를 설명한다. 이를 위해서 학생들이 핵-매개변인에 대해 이해할 수 있도록 설명해야 하고 그로 말미암은 두 언어의 어순의 차이를 보여준다. 그리고 어순의 차이에서 야기되는 여러 가지 차이점과 두 언어에서 나타나는 다른 현상들을 실제 예를 들어 소개한다. 또한, 고대영어에서 중세영어와 현대영어로 오면서 그 어순이 변하는 과정을 설명하는 것도 이해를 돕는 방법이다.

영어 문법의 세부사항으로 들어가서는 7장에서도 말한 바와 같이 문법 현상마다 대부분 존재하는 무표적 현상을 먼저 설명하고 그것의 유표적 현상을 설명하는 순서를 지킨다. 예를 들면, 수동태를 가르칠 때에는 그에 상응하는 무표적 현상이라고 볼 수 있는 능동태의 주요성을 먼저 말하고 사용빈도수로도 수동태는 10% 내외임을 밝힌다. 그다음, 두 가지 구조의 형태와 의미, 그리고 용도의 차이가 무엇인지를 이해시킨다. 그리고 비교적 수동태가 많이 나오는 글이나 소설을[17] 자료로 하여 수동태 문장을 중심으로 그룹별로 과제를 주고 발표하게 한다. 그 외의 문장 구조에서도 이와 같은 방법으로 실제 예문들을 학생 스스로 찾아보는 것을 중요시한다. 한편, 공부한 문장 구조가 몇 개 쌓이면 실생활과 가까운 주제를 내고 그 문장 구조들을 사용하여 발표하거나 영어 작문을 써 올 것을 과제로 주되, 학생들이 두 가지 중의 하나를 선택할 수 있도록 한다.

이러한 과제를 줄 때 학생들에게 어휘 사용이 또 하나의 어려움이 된다. 구글(Google.com)에서 표현들을 찾아서 쓰거나 영어 코퍼스(corpus)를[18] 사용할 수 있다면 빈도수가 높은 표현부터 찾아서 쓰는 것이 더욱 좋다.

---

[17] 이런 소설 중에는 George Orwell의 'Animal Farm'이나 '1984년'이 있다.
[18] Corpus(말뭉치)란 여러 가지 분야의 말, 글을 분류하여 모아서 문장 구조를 분석해 놓은 자료이다. 수십만에서 수억 개의 영어문장을 가진 말뭉치들이 있으나 대표적인 것으로 ICE(International Corpus of English), BNC (British National Corpus) 등이 있다.

§ 요약

　이 장에서는 보편문법이 무엇인가를 설명하려고 Chomsky 이론의 틀과 발전과정을 매우 간단히 소개하였다. 또한 보편문법이 신경언어학 이론과 양립할 가능성을 제시한 Hornstein의 이론도 간략하게 보여 주었다. 한편, 제2언어 습득이론의 접근방법을 소개하고 보편문법과 연관된 다른 주장들을 소개하고 제2언어습득을 할 때 그 최초상태가 UG인지 모국어인지에 대한 다른 주장들도 소개하였다. 마지막으로 영어교육에서 모국어 전이와 UG의 영향을 인정하는 동시에 그것에 근거하는 학습 방법에 대해 제안해 보았다.

□ 핵심 단어 □

보편문법(Universal Grammar, UG)
생성문법(Generative Grammar)
표준 이론(Standard Theory)
확대 표준 이론(Extended Standard Theory)
지배-결속 이론(Government-Binding Theory)
원리-매개변인 이론(Principles-Parameters Theory)
최소주의 이론(Minimalist Program)
제2언어 습득(Second Language Acquisition, SLA)
중간언어(Interlanguage, IL)
화석화된 오류(fossilization)
최초상태(initial state)

참고 문헌

이다미 (2000). 제 2언어 습득: 이론과 문제점. *Journal of the Applied Linguistics Association of Korea, 16*(2), 149-163.

Abutalebi, J. & Green, D. W. (2007). Bilingual language production: The neurocognition of language representation and control. *Journal of Neurolinguistics, 20*, 242-275.

Ahlsén, E. (2006). *Introduction to neurolinguistics.* Amsterdam/Philadelphia: John Benjamins Publishing Company

Ahn, S-H. (2009). On a steady-state interlanguage grammar of Korean English learners: Focused on tense-agreement elements. ms. Hanyang University

Amunts, K. Schleicher, A. & Zilles, K. (2004). Outstanding language competence and cytoarchitecture in Broca's speech region. *Brain and Language, 89*, 346-353.

Atchley, R. A., Rice, M., Betz, S., Kwasney, K., Sereno, J., & Jongman, A. (2006). A comparison of semantic and syntactic event related potentials generated by children and adults. *Brain and Language, 99*, 236-246.

Aoshima, S., Phillips, C. & Weinberg, A. (2004). Processing filler-gap dependencies in a head-final language. *Journal of Memory and Language, 51*, 23-54.

Baddeley, A. (1986). *Working memory.* Oxford: Clarendon Press/Oxford University Press.

Binder, J. R., Frost, J. A., Hammeke, T. A., Bellgowan, P. S. F., Springer, J. A., Kaufman, J. N., & Possing, E. T. (2000). Human temporal lobe activation by speech and nonspeech sounds. *Cerebral Cortex*, *10(5)*, 512-528.

Borovsky, A., Kutas, M., & Elman, J. (2010). Learning to use words: Event-related potentials index single-shot contextual word learning. *Cognition*, *116*, 289-296.

Borovsky, A., Elman, J., & Kutas, M. (2008). Getting the gist is not enough: An ERP investigation of word learning from context. *Proceedings of the Cognitive Science Society*, 119-124.

Bouton, L. (1999). Developing nonnative speaker skills in interpreting conversational implicatures in English: Explicit teaching can ease the process. In E. Hinkel (Ed.), *Culture in second language teaching and learning.* 47-70, Cambridge University Press.

Bowden, H. W., Sanz, C. S.,Steinhauer, K. & Ulman, M. T. (2007). An ERP study of proficiency in second language. *Journal of Cognitive Neuroscience*, supplement, 170.

Brennan, J. R. (2010) *Incrementally dissociating syntax and semantics.* Doctoral dissertation. New York University.

Buchwald, J. S., Guthrie, D., Schwafel, J., Erwin, R. J., & Van Lancker, D. (1994). Influence of language structure on brain-behavior development. *Brain and Language, 46*, 607-619.

Chen, L., Shu, H., Liu, Y., Zhao, J., & Li, P. (2007). ERP signatures of subject-verb agreement in L2 learning. *Bilingualism: Language and Cognition, 10*(2), 161-174.

Chen, Y. (2009). Learner perceptions of instruction in L2 pragmatics. *English Language Teaching, 2(4)*, 154-161.

Chomsky, N.(1957). *Syntactic structures*. The Hague: Mouton & Co.

Chomsky, N.(1965). *Aspects of the theory of syntax*. Cambridge, MA: MIT Press.

Chomsky, N.(1966). *Cartesian linguistics: A chapter in the history of rationalist thought*. New York & London: Harper & Row.

Chomsky, N.(1981). *Lectures on government and binding*. Dordrecht/Cinnaminson: Foris Publications.

Chomsky, N.(1986). *Barriers*. Cambridge, MA: MIT Press.

Chomsky, N.(1995). *The minimalist program*. Cambridge, MA: MIT Press.

Chomsky, N. (2000). Minimalist inquiries: The framework. In M. Roger, D. Michaels, and J. Uriagereka(Eds), *Step by step: Essays in minimalist syntax in honor of Howard Lasnik*. 89-155. Cambridge, MA: MIT Press.

Chomsky, N. (2001). Derivation by phase. In M. Kenstowicz(Ed.), *Ken Hale: A life in language*. 1-52. Cambridge, MA: MIT Press.

Chomsky, N. (2005). Three factors in language design. *Linguistic Inquiry, 36*, 1-22.

Chomsky, N.(2008). On phases. In R. Freidin, C. P. Otero and M. L. Zubizarreta(Eds.), *Foundational issues in linguistic theory*. 133-166, Cambridge, MA: MIT Press.

Clahsen, H. (2006). Linguistic perspectives on morphological processing. In D. Wunderlich (Ed.), *Advances in the theory of lexicon*. 355-388. Berlin: Mouton de Gruyter.

Clahsen, H., & Felser, C. (2006a). Grammatical processing in language learners. *Applied Psycholinguistics, 27*, 3-42.

Clahsen, H., & Felser, C. (2006b). How native-like is non-native language processing? *Trends in Cognitive Sciences, 10*, 564-570.

Conrey, B., Potts, G., & Niedzielski, N. (2005). Effects of dialect on merger perception: ERP and behavioral correlates. *Brain and Language, 9*, 435-449.

Conroy, A., Takahashi, E., Lids, J., & Phillips, C. (2009). Equal treatment for all antecedents: How children succeed with Principle B. *Linguistic Inquiry, 40(3)*, 446-486.

Coulson, S. & Van Petten, C. (2002). Conceptual integration and metaphor: An event-related potential study. *Memory & Cognition, 30(6)*, 958-968.

Dittmar, M., Abbot-Smith, K., Lieven, E. & Tomasello, M. (2008). Young German children's early syntactic competence: A preferential looking study. *Developmental Science, 11(4)*, 575-582.

Fabbro, F. (1999) *The Neurolinguistics of bilingualism: An introduction*. Hove and New York: Psychology Press.

Federmeier, K. D., Mai, H., & Kutas, M. (2005). Both sides get the point: hemispheric sensitivities to sentential constraint. *Memory & Cognition, 33(5)*, 871-886.

Federmeier, K. D., Segal, J., Lombrozo, T. & Kutas, M. (2000). Brain responses to nouns, verbs and class-ambiguous words in context. *Brain, 123*, 2552-2566.

Felser, C., Sato, M., & Bertenshaw, N. (2009). The on-line application of binding principle A in English as a second language. *Bilingualism: Language and Cognition, 12(4)*. 485-502.

Fitch, W. T. & Hauser, M. D. (2004). Computational constraints on syntactic processing in a nonhuman primate. *Science, 303*, 377-380.

Flege, J. E. (1987). The production of "new" and "similar" phones in a foreign language: Evidence for the effect of equivalence classification. *Journal of Phonetics, 15,* 47-65.

Flege, J. E. (1995). Second language speech learning: Theory, findings, and problems. In W. Strange(Ed.), *Speech perception and linguistic experience: Issues in cross-language research.* 233-277. Timonium, MD: York Press.

Flege, J. E., Yeni-Komshian, G. H., & Liu, S. (1999). Age constraints on second- language acquisition. *Journal of Memory and Language, 41,* 78-104.

Francis, A. L., & Nusbaum, H. C. (2002) Selective attention and the acquisition of new phonetic categories. *Journal of Experimental Psychology: Human, Perception and Performance, 28,* 349-366.

Friederici, A. D. (2002). Towards a neural basis of auditory sentence processing. *Trends in Cognitive Sciences, 6,* 78-84.

Friederici, A. D. (2009). Language and the brain. In M. Piattelli-Palmarini, J. Uriagereka, & P. Salaburu (Eds.), *Of Minds and Language: A dialogue with Noam Chomsky in the Basque Country.* 352-378. New York, NY: Oxford University Press.

Friederici, A. D., & Hanhe, A. (2001). Development patterns of brain activity reflecting semantic and syntactic processes. In J. Weissenborn & B. Houle (Eds.), *Approaches to bootstrapping: Phonological. lexical, syntactic, and neurophysiological aspects of early language acquisition.* 231-246, Amsterdam/Philadelphia: John Benjamins.

Friederici, A. D., Steinhauer, K., & Pfeifer, E. (2002). Brain signatures of artificial language processing: Evidence challenging the critical period hypothesis. *Proceedings of the National Academy of Sciences, U.S.A., 99,* 529-534.

Friederici, A. D., Friedrich, M., & Christophe A. (2007). Brain responses in 4-month-old infants are already language specific. *Current Biology, 17,* 1208-1211.

Gertner, Y., Fisher, C., & Eisengart, J. (2006). Learning words and rules: Abstract knowledge of words order in early sentence comprehension, *Psychological Science, 17,* 684-691.

Green, D. W. (2003). The neural basis of the lexicon and the grammar in L2 acquisition. In R. van Hout, A. Hulk, F. Kuiken, & R. Towell (Eds.), *The interface between syntax and the lexicon in second language acquisition.* Amsterdam: John Benjamins.

Grodzinsky, Y. & Friederici A. D. (2006). Neuroimaging of syntax and syntactic processing. *Current Opinion in Neurobiology, 16,* 240-246.

Gouvea, A., Phillips, C., Kazanina, N., & Poeppel, D. (2010). The linguistic processes underlying the P600. *Language and Cognitive Processes, 25(2),* 149-188.

Guo, T. M., Peng, D. L., Lu, C. M., & Liu, H. Y. (2005). The temporal course of semantic and phonological activation in Chinese word productions: an ERP study. *Acta Psychologia Sin. 37,* 569-574.

Guo, T. M. & Peng, D. L (2007). Speaking words in the second language: From semantics to phonology in 170ms. *Neuroscience Research, 57,* 387-392.

Hahne, A. (2001). What's different in second-language processing? Evidence from event-related brain potentials. *Journal of Psycholinguistic Research, 30,* 251-266.

Hahne, A., Mueller, J., & Clahsen, H. (2006). Morphological processing in a second language: behavioral and event-related brain potential evidence for storage and decomposition. *Journal of Cognitive*

Neuroscience, 18(1), 121-134.

Hahne, A. & Friederici, A. D. (2001). Processing a second language: Late learners' comprehension mechanisms as revealed by event-related brain potentials. *Bilingualism: Language and Cognition, 4*, 123-141.

Hasegawa, M., Carpenter, P. A., Just, M. A. (2002). An fMRI study of bilingual sentence comprehension and workload. *NeuroImage, 15*, 647-660.

Hauser, M. D., Chomsky, N., Fitch, W. T. (2002). The faculty of language: what is it, who has it, and how did it evolve? *Science, 298*, 1569-1579.

Holcomb, P. J., Coffey, A. A., & Neville, H. J. (1992). Visual and auditory sentence processing: A developmental analysis using event-related brain potentials. *Developmental Neuropsychology, 8(2&3)*, 203-241.

Hornstein, N. (2009). *A theory of syntax: Minimal operations and universal grammar.* Cambridge: Cambridge University Press

Iijima, K., Fukui, N., Sakai, K. (2009). The cortical dynamics in building syntactic structures of sentences: An MEG study in a minimal-pair paradigm. *NeuroImage, 44*, 1387-1396.

Ionin, T. & Wexler, K. (2002). Why is 'is' easier than '-s'?: acquisition of tense/agreement morphology by child second language learners of English. *Second Language Research, 18(2)*, 95-136.

Ischebeck, A. K., Friederici, A. D., & Alter, K. (2008). Processing prosodic boundaries in natural and hummed speech: An fMRI study. *Cerebral Cortex, 18(3)*, 541-552.

Jeong, H., Sugiura, M., Sassa, Y., Haji, T., Usui, N., Taira, M., ... Kawashima, R. (2007). Effect of syntactic similarity on cortical activation during second language processing: a comparison of

English and Japanese among native Korean trilinguals. *Human Brain Mapping, 28*, 194-204.

Jeong, H., Sugiura, M., Sassa, Y., Yokoyama, S., Horie, K., Sato, S., ... Kawashima, R. (2007). Cross-linguistic influence on brain activation during second language processing: An fMRI study. *Bilingualism: Language and Cognition, 10*, 175-187.

Kaku, K & Kazanina, N. (2007) Acquisition of telicity by Japanese learners of English. Yukio Otsu(Ed.) *Proceedings of the 8th Tokyo Conference in Psycholinguistics.*

Kazanina, N., Phillips, C., & Idsardi, W. (2006). The influence of meaning on the perception of speech sounds. *Proceedings of the National Academy of Sciences, 103(30)*, 11381-11386.

Kim, K. H., Relkin, N. R., Lee, K. M., & Hirsch, J. (1997). Distinct cortical areas associated with native and second languages. *Nature, 388*, 171-174.

Kim, K. K., Byun, E., Lee, S. K., Gaillard, W. D., Xu, B., Theodore, W. H. (2011). Verbal working memory of Korean-English bilinguals: An fMRI study. *Journal of Neurolinguistics, 24*, 1-13.

Ko, H., Ionin, T., Wexler, K. (2010) The role of presuppositionality in the second language acquisition of English articles. *Linguistic Inquiry, 41*(2), 213-254.

Kotz, S., Holcomb, P., & Osterhout, L. (2008). ERPs reveal comparable syntactic sentence processing in native and non-native readers of English. *Acta Psychologica, 128*, 514-527.

Kotz, S., & Elston-Guttler, K. (2004). The role of proficiency on processing categorical and associative information in the L2 as revealed by reaction times and event-related brain potentials. *Journal* of *Neurolinguistics, 17*, 215-235.

Kroll, J., Bobb, S., & Misra, M. (2008). Language selection in bilingual speech: Evidence for inhibitory processes. *Acta Pshychologia, 128*, 416-430.

Kuperberg, G., Sitnikova, T., Caplan, D., & Holcomb. P. (2003). Electrophysiological distinctions in processing conceptual relationships within simple sentences. *Cognitive Brain Research, 17*, 117-129.

Kutas, M. & Hillyard, S, A. (1980). Reading senseless sentences: Brain potentials reflect semantic incongruity. *Science, 207*, 203-205.

Kutas, M., & Federmeier K. (2000). Electrophysiology reveals semantic memory use in language comprehension. *Trends in Cognitive Sciences, 4(12)*, 463-470.

Kutas, M., Federmeier, K., Staab, J., & Kluender, R. (2007). Language. In J. T. Cacioppo, L. G. Tassinary, & G. G. Berntson(Eds.), *Handbook of psychophysiology* (3rd edition). 555-580. Cambridge: Cambridge University Press

Lee, C. L., & Federmeier K. (2006). To mind the mind: an event-related potential study of word class and semantic ambiguity. *Brain Research, 1081*, 191-202.

Lehtonen, M., Vorobyev, V., Soveri, A., Hugdahl, K., Toukkola, T., & Matti, L. (2009). Language-specific activations in the brain: Evidence from inflectional processing in bilinguals. *Journal of Neurolinguistics, 22*, 495-513.

Leikin, M. (2008). Syntactic processing in two languages by native and bilingual adult readers: An ERP study. *Journal of Neurolinguistics,* 21, 349-373.

Luck, S. (2005). *An introduction to the event-related potential technique.* Cambridge, MA: MIT Press.

MacWhinney, B. (1997). Second language acquisition and the Competition Model. In A. M .B. de Groot, & J. F. Kroll(Eds.), *Tutorials in bilingualism: psycholinguistic perspective.* Mahwah, NJ: Lawrence Earlbaum, 113-142.

Malaia, E., Wilbur, R., & Weber-Fox C. (2009). ERP evidence for telicity effects on syntactic processing in garden-path sentences. *Brain & Language, 108,* 145-158.

Marantz, A. (2005). Generative linguistics within cognitive neuroscience of language. *The Linguistic Review, 22,* 429-445.

McLaughlin J., Osterhout, L., & Kim, A. (2004). Neural correlates of second-language word learning: Minimal instruction produces rapid change. *Nature neuroscience, 7(7),* 703-704.

Mellow, D. (2008). The emergence of complex syntax: A longitudinal case study of the ESL development of dependency resolution. *Lingua, 118,* 499-521.

Mestres-Missé, A. (2007). *Neural correlates of word learning and meaning acquisition.* Doctoral dissertation. Barcelona, Spain: University of Barcelona

Miller, G. (2003). The cognitive revolution: A historical perspective. *Trends in Cognitive Sciences, 7(3),* 141-144.

Mueller, J., Hahne, A., Fujii, Y., & Friederici, A. (2005). Native and nonnative speakers' processing of a miniature version of Japanese as revealed by ERPs. *Journal of Cognitive Neuroscience, 17(8),* 1229-1244.

Näätänen, R., Lehtokoski, A., Lennes, M., Cheour, M., Huotilainen, M.,

Iivonen, A., ... Alho, K. (1997). Language-specific phoneme representations revealed by electric and magnetic brain responses, *Nature*, *385*, 432-434.

Nation, I. S. P. (2001). *Learning vocabulary in another language.* Cambridge: Cambridge University Press.

Nauchi, A., & Sakai. K., (2009). Greater leftward lateralization of the inferior frontal gyrus in second language learners with higher syntactic abilities. *Human Brain Mapping, 30*, 3625-3635.

Nieuwland, M. S., & Kuperberg, G. R. (2008). When the truth is not too hard to handle: An event-related potential study on the pragmatics of negation. *Psychological Science, 19(12)*, 1213-1218.

Ojima, S., Nakata, H., & Kakigi, R. (2005). An ERP study of second language learning after childhood: Effects of proficiency. *Journal of Cognitive Neuroscience, 17*, 1212-1228.

Oshima-Takane, Y. & and Kobayashi T. (2009). Early word learning in young Japanese children. *Proceedings of the 11th Annual International Conference of the Japanese Society for Language Sciences,* 17-20.

Osterhout, L., & Holcomb, P. J. (1992). Event-related brain potentials elicited by syntactic anomaly. *Journal of Memory and Language, 31*, 785-806.

Osterhout, L. and Mobley, L. A. (1995). Event-related brain potentials elicited by failure to agree. *Journal of Memory and Language, 34*, 739-773.

Osterhout, L., McLaughlin, J., & Bersick, M. (1997). Event-related brain potentials and human language. *Trends in Cognitive Sciences*, *1(6)*, 203-209.

Osterhout, L., McLaughlin, J., & Pitkanen, I. (2006). Novice learners, longitudinal designs, and event-related potentials: a means for exploring the neurocognition of second language processing. *Language Learning, 56*, 199-230.

Paradis, M. (1994). Neurolinguistic aspects of implicit and explicit memory: Implications for bilingualism and second language acquisition. In N. Ellis(Ed.), *Implicit and explicit learning of languages.* 393-419. New York, NY: Academic Press.

Paradis, M. (2002). Neurolinguistics of bilingualism and the teaching of language. ms. McGill University, Canada.

Paradis, M. (2004). *A neurolinguistic theory of bilingualism.* Amsterdam, Netherlands: John Benjamins.

Perani, D., Paulesu, E., Galles, N., Dupoux, E., Dehaene, S., Bettinardi, V., ... Mehler J. (1998). The bilingual brain: Proficiency and age of acquisition of the second language. *Brain, 121*, 1841-1852.

Phillips, C. (1995). Syntax at age two: Cross-linguistic differences, In C. Schütze, K. Broihier & J. Ganger(Eds.), *Papers on Language Processing and Acquisition, MITWPL,* #26.

Phillips, C., Kazanina, N., & Abada, S. (2005). ERP effects of the processing of syntactic long-distance dependencies. *Cognitive Brain Research, 22*, 407-428.

Poeppel, D. & Embick, D. (2005). Defining the relation between linguistics and neuroscience. In A. Cutler(Ed.), *Twenty-frist centry psycholinguistics: Four cornerstones.* Mahwah, NJ: Laurence Erlbaum Associates, Inc.

Reiterer, S. (2002). The neurocognition of second language acquisition: The influence of proficiency level on cortical brain activation patterns, *Vienna English Working Papers, 11*, 27-52.

Rieder, A. (2002). A cognitive view of incidental vocabulary acquisition: From text meaning to word meaning. *Vienna English Working Papers*, *11*, 53-72.

Rossi, S., Gugler, M. F., Hahne, A., & Friederici, A. D. (2006). The impact of proficiency on syntactic second-language processing of German and Italian: Evidence from event-related potentials. *Journal of Cognitive Neuroscience*, *18*, 2030-2048.

Sakai, K. L. (2005). Language acquisition and brain development. *Science*, *310*, 815-819.

Sakai, K. L., Nauchi, A., Tatsuno, Y., Hirano, K., Muraishi, Y., Kimura, M., ... Yusa, N. (2009). Distinct roles of left inferior frontal regions that explain individual differences in second language acquisition. *Human Brain Mapping, 30*, 2440-2452.

Schumann, J. H., Crowell, S. E., Jones, N. E., Lee, N., Schuchert, S. A., & Wood, L. A. (2004). *The Neurobiology of learning: Perspective from second language acquisition*. Lawrence Erlbaum Associates.

Short, K. M. (2007) *A Neurolinguistic Investigation of Late-learned Second Language Knowledge: The Effects of Explicit and Implicit Conditions*. Doctoral dissertation. Georgetown University.

Silva, R. & Clahsen, H. (2008). Morphologically complex words in L1 and L2 processing: Evidence from masked priming experiments in English. *Bilingualism: Language & Cognition*, *11*, 245-260.

Steinhauer, K., Alter, K., & Friederici, A. D. (1999). Brain potentials indicate immediate use of prosodic cues in natural speech processing. *Nature Neuroscience, 2(2)*, 191-196.

Steinhauer. K., & Fiederici, A. D. (2001) Prosodic boundaries, comma rules and brain responses: The closure positive shift in ERPs as a universal marker for prosodic phrasing in listeners and readers. *Journal of Psycholinguistic Research, 30*(3), 267-295.

Steinhauer, K., White, E., Cornell, S., Genesee, F., & White, L.(2006). The neural dynamics of second language acquisition: Evidence from Event-Related Potentials. *Journal of Cognitive Neuroscience*, supplement, *99*.

Steinhauer, K., White, E., & Drury, J. (2009). Temporal dynamics of late second language acquisition: evidence from event-related brain potentials. *Second Language Research, 25(1)*, 13-41.

Suh, S., Yoon H. W., Lee, S., Chung J. Y., Cho Z. H., & Park, H. (2007). Effects of syntactic complexity in L1 and L2; An fMRI study of Korean-English bilinguals. *Brain Research, 1136(1)*, 178-189.

Torkildsen, J. K., Sannerud, T., Syversen, G., Thormodsen, R., Simonsen, H. G., Moen, I., ... Lindgren, M. (2006). Semantic organization of basic-level words in 20-month-olds: an ERP study. *Journal of Neurolinguistics, 19*, 431-454.

Ulman, M. T. (2001). The neural basis of lexicon and grammar in first and second language: the declarative/procedural model. *Bilingualism: Language and Cognition, 4*, 105-122.

Ulman, M. T. (2004). Contributions of memory circuits to language: the declarative/procedural model. *Cognition, 92*, 231-270.

Van Berkum, Jos J. A. (2009). The neuropragmatics of 'simple' utterance comprehension: An ERP review. In U. Sauerland & K. Yatsushiro(Eds.), *Semantics and pragmatics: From experiment to theory*. Basingstoke: Palgrave Macmillan. 276-316.

Van Hell, J. G., & Tokowicz, N. (2010). Event-related brain potentials and second language learning: Syntactic processing in late L2 learners at different L2 proficiency levels. *Second Language Research*, *26*(1), 43-74.

Wartenburger, I., Heekeren, H. R., Abutalebi, J., Cappa, S. F., Villringer, A., & Perani, D.(2003). Early setting of grammatical processing in the bilingual brain. *Neuron*, *37*, 159-170.

Weber-Fox, C., & Neville, H. (1996). Maturational constraints on functional specializations for language processing: ERP and behavioral evidence in bilingual speakers. *Journal of Cognitive Neuroscience*, *8(3)*, 231-256.

White, L. (2003). *Second language acquisition and universal grammar*. Cambridge: Cambridge University Press.

Xiang, M., Dillon, D. & Phillips, C. (2009). Illusory licensing effect across dependency types: ERP evidence. *Brain & Language*, *108*, 40-55.

Yokoyama, S., Okamoto, H., Miyamoto, T., Toshimoto, K., Kim, J., Iwata, K. ... Kawashima, R. (2006). Cortical activation in the processing of passive sentences in L1 and L2: An fMRI study. *NeuroImage*, *30*, 570-579.

■ 찾아보기

(ㄱ)

가짜단어(pseudo-words) 86, 118
간질(epilepsy) ······················ 47
강세(stress) ············· 86, 89, 90
결속이론(Binding Theory)
  ························· 128, 129
결정적 시기 가설(Critical Period
  Hypothesis) ··· 97, 205, 232
경두개 자기자극(TMS,
  Transcranial Magnetic
  Stimulation) ···················· 56
경두개 자기자극실험 ··········· 80
계층적(hierarchical) ···· 123, 124
골상학(phrenology) ················ 23
공간 해상도(spatial resolution)
  ·· 52
구구조문법(phrase-structure
  grammar, PSG) ··········· 123
국부성(locality) ················· 150
국소주의(localism) ·· 22, 25, 28
굴절접사(inflectional affix)
  ······································ 115
극성(polarity) ······················· 73
기능범주(functional category)
  ····························· 141, 236

기능어(function words) 93, 108
기저핵(basal ganglia)
  ························· 35, 37, 189
길 혼동 문장(garden path
  sentence) ······· 94, 133, 214
grammar center ·········· 136, 144
Granularity Mismatch Problem
  ······································ 230

(ㄴ)

내용어(content words) · 93, 108
뇌간(brain stem) ············ 32, 37
뇌량(corpus callosum)
  ······················ 22, 32, 35, 43
뇌실(ventricle) ··············· 21, 32
뇌파(brain wave) ············ 47, 69
눈동자 추적 장치(Eye Tracker)
  ·· 57
눈동자 추적 실험 ················ 81
뉴런(neuron, 신경세포) ········ 30
N400 ····· 76, 93, 107, 157, 206

(ㄷ)

다윈의 문제(Darwin's problem)
  ······································ 227

찾아보기 257

단기기억(short-term memory) ···································· 174
단문(simple sentence) ········ 152
단어 재인(word recognition)
···························· 105, 118
단일광자방출 컴퓨터 단층촬영
(SPECT) ····················· 58
담화(discourse) ·········· 155, 157
대뇌피질(cerebral cortex)
························ 23, 31, 50
대상피질(cingulate cortex)
······················ 35, 42, 181
데카르트(René Descartes)
····························· 22, 224
동기부여(motivation) ·· 167, 189
두정엽(parietal lobe) ············ 33
Declarative/Procedural(DP)
Model ························ 184

(ㄹ)
LAN(Left Anterior Negativity)
····························· 75, 188
LPM(Language Processing Map)
······································· 126
LPC(Late Positive Component)
··· 91
LPP(Late Positive Potential)
······································· 159

(ㅁ)
말소리(speech sound) ···· 86, 90
매개변인(parameters) · 227, 234
문맥(context) ············· 114, 115
문법화(grammaticalization)
···························· 148, 149
미니일본어(Mini-Nihongo) · 216
MEG 실험 ························ 93
MEG(Magnetoencephalography)
··· 54
MMN(mismatch negativity)
······················ 75, 91, 92

(ㅂ)
반복점화(repetition priming)
······································· 106
백질(white matter) ················ 32
베르니케 영역(Wernicke's Area)
····························· 24, 39
변연계(limbic system) ·········· 35
병합(merge) ········ 91, 100, 228
보편문법(universal grammar)
·········· 222, 225, 231, 234
복문(complex sentence) ······ 152
부반응(negativity) ················ 73
부정(negation) ···················· 162
부정극어(Negative Polarity Item)
······································· 129
분절음(segment) ···················· 86

브로드만 영역(Brodmann Areas)
.... 26, 40, 41
브로카 영역(Broca's Area)
.... 24, 39
비서술적(non-declarative) 기억
.... 151, 176
BROCANTO 186, 216

(ㅅ)

3P 교수 방법론 165
사건관련전위(ERP, event-related
　　potential) 48, 63
ERP 실험 63
ERP 컴포넌트(component)
.... 49, 72
상위언어학적(metalinguistic)
.... 166
상측두회(superior temporal
　　gyrus, STG) 39
서술적(declarative) 기억
.... 151, 176
섬피질(insular) 33, 42, 137
성분지휘(c-command) 150
소뇌(cerebellum) 33, 181
송과선(pineal gland) 22, 43
숙달도(proficiency)
.... 62, 118, 213
스펙트로그램(spectrogram) ... 88
시간해상도(temporal resolution)
.... 50

시냅스(synapse) 31
시상(thalamus) 36, 37, 181
시야장(visual field, VF) 80
신경언어학(neurolinguistics)
.... 17, 20
심성문법(mental grammar) · 182
심성어휘집(mental lexicon)
.... 104, 182
실어증(aphasia) 18, 24
Shallow Structure Hypothesis
.... 208, 215
Single Network Hypothesis
.... 217

(ㅇ)

아교세포(glial cell) 30
알츠하이머병(Alzheimer's
　　disease) 180
알파파(alpha wave) 47
암묵기억(implicit memory)
.... 176, 178
억양(intonation) 86
억양구(intonational phrase)
.... 94, 95
언어기능(language faculty) 225
언어 습득 장치(language
　　acquisition device, LAD)
.... 232
언어능력(linguistic competence)
.... 124

언어수행(linguistic performance) 124
연결주의(connectionism) 27, 28
연합주의(associationism) 23, 25, 28
외측구(lateral sulcus) 24, 33, 43
외현기억(explicit memory) 176, 177
우반구(right hemisphere) 32, 43, 44, 80
운율(prosody) 86, 95, 101
유발전위(EP, evoked potential) 48, 63
유표적(marked) 152
유한상태문법(finite-state grammar, FSG) 123
은유(metaphor) 159
의미(semantic)기억 177
의미역(thematic role)· 139, 157
이중 언어 사용자(bilingual) 18, 195
인도-유럽어족(Indo-European language family) 194
인출(retrieval) 99, 107, 174
일치(agreement)· 127, 142, 198
일치(Agree) 228
일화(episodic)기억 177, 178, 181

ELAN(Early Left Anterior Negativity) 75, 138
Oddball paradigm 92, 93

(ㅈ)

작업기억(working memory) 175, 181
잠재기(latency) 73, 209
잡음(noise) 49, 71
장거리 의존 구문(long-distance dependency) 132
장기기억(long-term memory) 174
전극(electrode) 67
전극 모자(electrode cap) 67
전두엽(frontal lobe) 23, 33
전두판개(frontal operculum) 140
전전두엽(prefrontal lobe) 34
전전두엽(prefrontal region) 79, 181
전제성(presuppositionality) · 235
전체주의(holism) 26, 28
절차(procedural)기억 ·· 178, 181
정반응(positivity) 73
종결동사(telic verbs) 213
좌반구(left hemisphere) 32, 43, 44, 80
주의력 집중(attention) 101, 176, 189

중심구(central sulcus) ·········· 33
중의성(ambiguity) ······ 111, 211
진폭(amplitude) ····················· 93

(ㅊ)

차폐점화(masked priming) · 115
초분절음(suprasegment) ········ 86
최소쌍(minimal pair) ····· 92, 97
최소주의 프로그램(Minimalist
    Program) ···················· 228
최초상태(initial state)
    ······························ 234, 235
추의(implicature) ················ 164
측두엽(temporal lobe) ···· 33, 43
침습성(invasiveness) ······ 51, 55

(ㅋ)

Closure Positive Shift(CPS) · 95
Competition Model ············ 196

(ㅌ)

통제문장 ····························· 109
Tesla ··································· 52

(ㅍ)

파생접사(derivational affix)
    ······································ 116
파킨슨씨병(Parkinson's disease)
    ······································ 180
편도체(amygdala) ················ 36

평균화(averaging) ··········· 67, 71
포먼트(formant) ···················· 88
플라톤의 문제(Plato's problem)
    ······································ 226
피질(cortex) ·························· 31
피질하구조(subcortex) ··· 31, 35
fMRI(functional Magnetic
    Resonance Imaging) ······· 51
fMRI 실험 ···························· 77
FSM(Formal Syntax Map) · 125
P300 ···························· 75, 92
P600 ··········· 76, 131, 135, 157
PET(Positron Emission
    Tomography) ·················· 53

(ㅎ)

하전두회(inferior frontal gyrus,
    IFG) ············· 39, 145, 147
한정성(definiteness) ············ 235
해마(hippocampus) 36, 37, 181
핵-매개변인(head parameter)
    ······································ 203
행동반응실험(behavioral
    experiment) ···················· 61
혈중 산소수준 의존성(BOLD,
    Blood Oxygenation Level
    Dependent) ···················· 51
형태소(morpheme) ············· 105
화석화된 오류(fossilization)
    ······························ 190, 233

화용적 능력(pragmatic
     competence) 155, 165, 168
회귀성(recursion) ……… 138, 231

회백질(grey matter) ……32, 117
후두엽(occipital lobe)
     …………… 33, 79, 145, 161